# 2010
# 长江航运发展报告

交通运输部长江航务管理局

人民交通出版社

图书在版编目（CIP）数据

2010长江航运发展报告 / 交通运输部长江航务管理局编. -- 北京 ：人民交通出版社，2011.5
ISBN 978-7-114-09024-0

Ⅰ. ①2… Ⅱ. ①交… Ⅲ. ①长江—航运—研究报告—2010 Ⅳ. ①F552.75

中国版本图书馆CIP数据核字(2011)第063371号

书　　名：2010 长江航运发展报告
著 作 者：交通运输部长江航务管理局
责任编辑：乔文平
出版发行：人民交通出版社
地　　址：(100011)北京市朝阳区安定门外外馆斜街3号
网　　址：http://www.ccpress.com.cn
销售电话：(010)59757969,59757973
总 经 销：人民交通出版社发行部
印　　刷：北京盛通印刷股份有限公司
开　　本：880×1230 1/16
印　　张：10.5
字　　数：200千
版　　次：2011年5月 第1版
印　　次：2011年5月 第1次印刷
书　　号：ISBN978-7-114-09024-0
定　　价：168.00元

# 编委会

# 编辑人员

# 编写说明

2011年1月21日,国务院出台《关于加快长江等内河水运发展的意见》(国发[2011]2号),标志着长江等内河水运发展已经上升为国家战略,对长江航运发展具有里程碑意义,将引领长江航运业进入统筹发展、协调发展、能力扩张与质量提高并重、适度超前、全面建设畅通、高效、平安、绿色的现代化长江水运体系的新阶段。

为客观反映2010年长江航运业的发展现状,分析长江航运业的发展特征,研究发展过程中的热点与难点问题,为政府部门、航运企业及相关研究机构提供权威的信息服务,继《2009长江航运发展报告》出版后,交通运输部长江航务管理局组织编制了《2010长江航运发展报告》。本报告沿用了2009年报告的篇章体系,力求站在行业高度,反映2010年的发展动态,总结"十一五"期间长江航运发展的特点,展望2011年的发展形势。报告编写过程中,得到了多家政府部门、科研院校和港航企业的大力支持,四川省交通运输厅港航管理局、重庆航运交易所及上海组合港管理委员会办公室等单位为报告编制提供了稿源,在此一并表示感谢!

长江航运规划研究中心负责具体编写组织工作。综合报告各章撰稿人:第1章,撰稿人彭书华,参编人欧阳帆;第2章,撰稿人彭东方,参编人陈永彤、董鸿瑜;第3章,撰稿人彭书华,参编人徐培红、欧阳帆;第4章,撰稿人徐培红,参编人陈永彤、董鸿瑜、刘涛;第5章,撰稿人彭书华,参编人欧阳帆、董鸿瑜。张旭东、熊小元、向文蓉、王辉、张兴远、陆薇、谭湧、刘广、殷惠广、何斌、陈晓奇、钱志武、邓静媛、胡方等,参与了

# 编写说明

相关章节编写。章渝、黄克艰、赵洪祥、陆望程、姚育胜、李定国、王乔贵、沈友竹、甘明玉、柳海滨、徐开金、杨大鸣、何兴昌、陈文典、朱业汉、韩继生、朱红等审核了相关章节内容。专题报告撰稿单位:专题1,交通运输部长江水系航运规划办公室;专题2,中国港口协会长江分会;专题3,上海组合港管理委员会办公室;专题4,重庆航运交易所;专题5,长江航务管理局科技与通信信息管理处;专题6,长江航运信息中心;专题7,中国船东协会长江分会;专题8,四川省交通运输厅港航管理局;专题9,长江三峡工程航运办公室;专题10,长江航务管理局专家委员会;专题11,长江航务管理局运输管理处。彭东方、徐培红、彭书华、陈永彤、欧阳帆、董鸿瑜、刘涛等负责编审,章渝、黄克艰、赵洪祥等审阅了初稿。

“综合报告”、“专题报告”、“资料篇”分别由彭书华、彭东方、徐培红审核,全书由彭书华负责统稿,由唐冠军、黄强、王秀峰、彭东方等审核定稿。

# 目录

# 目录

目录

# 第一篇　综合报告

# 第1章　行业发展宏观环境

## 1.1　经济社会环境

### 1.1.1　宏观经济发展环境

“十一五”期间，面对国内外环境的复杂变化和重大风险挑战，党中央、国务院果断决策，实施正确而有力的宏观调控，有效应对国际金融危机的巨大冲击，战胜了汶川地震等重大自然灾害，着力推进转变经济发展方式和经济结构调整，大范围实施重点产业调整振兴规划和区域振兴规划，加快发展基础设施和基础产业，坚持扩大内需，不断提升对外开放水平，全面推进社会保障事业，高度重视环境保护和节能减排，各具特色的区域发展格局初步形成，国民经济保持平稳较快增长，国内生产总值年均实际增长11.2%，社会生产力快速发展，综合国力大幅提升。

2010年，在一系列政策的调控下，国民经济在2009年回升向好的基础上不断巩固，我国国内生产总值达到39.8万亿元，比上年实际增长10.3%，明显快于世界主要国家的平均增速，已成为仅次于美国的世界第二大经济体。内需延续了2009年快速增长的势头，增速依然较快。其中，全社会固定资产投资27.8万亿元，比上年实际增长19.5%；社会消费品零售总额15.5万亿元，比上年实际增长14.8%。外需已经恢复至金融危机前的水平，全年进出口总额29728亿美元，比上年增长34.7%。三次产业结构调整为10.2∶46.8∶43.0，产业结构持续改善，服务业发展加快。中西部地区加快发展，经济总量和投资占全国的比重持续上升，区域发展呈现出协调性增强的趋势。

当前世界正处于大发展、大调整、大变革之中，国际金融危机引发全球经济发展模式、供需关系、治理结构调整变化，外部环境更趋复杂，给我国经济社会发展带来多方面影响，但我国发展的有利条件、内在优势和长期向好趋势没有改变，“十二五”期间我国发展仍处于可以大有作为的重要战略机遇期。《国民经济和社会发展第十二个五年规划纲要》提出，“十二五”期间经济增长预期目标是在明显提高质量和效益的基础上年均增长7%。经济社会发展将呈现新的阶段性特征：推进以经济增长方式转型为主线的经济体制改革、以社会公共需求转型为主线的社会体制改革、以政府转型为主线的行政体制改革将贯穿“十二五”发展始终；经济增长将向依靠消费、投资、出口协调拉动转变，向依靠城乡、区域良性互动，第一、二、三产业协调发展转变，向依靠科技进步、劳动者素质提高、管理创新转变；将加快建设资源节约型、环境友好型社会，协调推进经济发展和社会建设，促进基本公共服务逐步均等化。

2011 年，我国发展面临的形势仍然极其复杂。世界经济将继续缓慢复苏，发达国家和新兴经济体“双轨复苏”格局仍将延续，受诸多因素的影响，经济复苏的不确定性仍将显著增加；我国国内经济和社会发展仍存在一些突出的矛盾和问题。目前国民经济正处于由回升向好、向稳定增长转变的关键时期，我国经济总体将继续平稳增长。2011 年的政府工作报告提出将继续实施积极的财政政策和稳健的货币政策，保持宏观经济政策的连续性、稳定性，提高针对性、灵活性、有效性，坚持把经济结构战略性调整作为加快转变经济发展方式的主攻方向，把扩大内需特别是消费需求作为长期战略重点，进一步提高对外开放水平，把不断改善民生作为政策的出发点和落脚点，促进经济增长向依靠消费、投资、出口共同协调拉动转变，努力实现国内生产总值增长 8% 左右的经济增长预期目标。

### 1.1.2 长江沿江省市宏观经济形势

“十一五”期间，以进一步提升长江流域区位经济优势，充分发挥长江黄金水道在我国西部大开发、中部崛起和东部率先实现现代化战略中的作用，推进长江黄金水道建设为主要环节，以推进形成长江流域区域优势互补、东中西互动、相互促进、统筹发展为核心内容的区域发展总体战略布局逐渐进入政府决策层面。近年来，国务院先后批准发布了多个区域规划或指导性意见，长江流域成为我国区域经济战略布局的重点地区和热点区域之一。长江沿江省市经济正以前所未有的密集度蓬勃发展，转变经济发展方式、优化和调整空间结构成为经济发展的一大亮点。

2010 年，国家先后出台或批准实施了《关于深入实施西部大开发战略的若干意见》、《促进中部地区崛起规划实施意见》、《长江三角洲地区区域规划》、《皖江城市带承接产业转移示范区规划》等指导性意见或区域规划，内陆唯一国家级新区——重庆“两江新区”正式挂牌成立。上海市“四个中心”建设继续加快；江苏省积极推动沿海沿江地区开发开放和跨越发展，启动实施新兴产业倍增、服务业提速、传统产业升级计划；安徽省加快推进合芜蚌自主创新综合配套改革试验区和国家技术创新工程试点省建设，皖江城市带承接产业转移示范区承接产业转移的步伐明显加快；江西省围绕推进鄱阳湖生态经济区建设，积极实施产业经济“十百千亿”工程；湖北省“两圈一带”总体发展战略不断完善；湖南省长株潭“两型社会”建设带动区域经济协调发展；重庆市“五个重庆”建设全面推进，“两江新区”开发建设强力开局；四川省深入实施工业强省战略，城乡统筹、区域协调发展迈出新步伐；云南省推动桥头堡战略上升到国家层面。

2010 年，长江沿江省市经济继续保持平稳较快增长，经济增长的稳定性、协调性和可持续性明显增强。根据沿江省市公布的统计部门初步测算数据，七省二市地区生产总值汇总合计 14.3 万亿元，同比增长 13.5%，比上年加快 1.0 个百分点，占全国 GDP 的比重由 2009 年的 35.5% 提升到 36.0%。从区域结构看，中、西部地区经济快速发展，区域间的协调性明显改善；东、中、西部地区投资协同发展，投资进一步向中西部倾斜。还值得关注的是，中西部地区一些省份以外资经济为主体的各类产业聚集园区的实力和整体功能有了明显提升，出口表现十分耀眼，如江西增长 82.1%、云南增长 78.5%、重庆增长 75.0%、湖南增长 44.8%、湖北增长 44.7%。

**2010 年沿江各省市国民经济主要指标** 表 1.1-1

| | GDP（亿元） | 同比增长（%） | 固定资产投资（亿元） | 社会消费品零售总额（亿元） | 外贸进出口总额（亿美元） | 其中：出口（亿美元） |
|---|---|---|---|---|---|---|
| 上海 | 16872.42 | 9.9% | 5317.7 | 6036.9 | 3688.7 | 1807.8 |
| 江苏 | 40903.30 | 12.6% | 23186.8 | 13482.3 | 4657.9 | 2705.5 |
| 安徽 | 12263.40 | 14.5% | 11849.4 | 4151.5 | 242.8 | 124.2 |
| 江西 | 9435.00 | 14.0% | 8775.5 | 2932.9 | 214.5 | 134.2 |
| 湖北 | 15806.09 | 14.8% | 10802.7 | 6719.4 | 259.1 | 144.4 |
| 湖南 | 15902.12 | 14.5% | 9821.1 | 5775.3 | 146.9 | 79.6 |
| 重庆 | 7894.24 | 17.1% | 6934.8 | 2378.0 | 124.3 | 74.9 |
| 四川 | 16898.60 | 15.1% | 13582.0 | 6634.7 | 327.8 | 188.5 |
| 云南 | 7220.00 | 12.3% | 5670.1 | 2500.0 | 133.7 | 76.1 |
| 沿江总计 | 143194.83 | 13.5% | 95940.0 | 51115.0 | 9795.7 | 5335.2 |
| 全国 | 397983.00 | 10.3% | 278140.0 | 154554.0 | 29728.0 | 15779.0 |

资料来源：根据 2010 年全国和沿江省市国民经济和社会发展统计公报数据整理。

“十二五”期间，区域发展总体战略的实施，将进一步推进长江沿江省市区域良性互动发展。西部地区将实施以市场为导向的优势资源转化战略，推进重庆、成都区域战略合作，推动成渝、黔中、滇中等经济区加快发展；中部地区将巩固提升全国重要粮食生产基地、能源原材料基地、现代装备制造及高技术产业基地和综合交通运输枢纽地位，有序承接东部地区和国际产业转移，加快构建沿京广、沿京九和沿长江中游经济带，重点推进皖江城市带、鄱阳湖生态经济区、武汉城市圈、环长株潭城市群等区域发展；东部地区将发挥其对全国经济发展的重要引领和支撑作用，着力培育产业竞争新优势，加快发展战略性新兴产业、现代服务业和先进制造业，推进长江三角洲地区区域经济一体化发展，重点推进江苏沿海地区等区域发展；在中西部集中连片特殊困难地区，将实施扶贫开发攻坚工程，推进三峡等库区后续发展。

2011 年，“十二五”规划重大项目建设的有序启动、区域振兴规划的相继实施、战略新兴产业的加快发展和保障性住房建设等，将支撑投资继续保持平稳增长；扩大内需的成效日益显著,消费需求将继续保持稳中趋旺的态势;外贸虽受国际环境不明朗、贸易保护主义抬头、人民币升值预期、要素成本上升等因素影响,但随着加快转变外贸发展方式,推动外贸发展从规模扩张向质量效益提高转变、从成本优势向综合竞争优势转变,将继续保持增长势头。总体而言,2011 年,长江沿江省市经济社会将继续呈现平稳增长的态势。

**2011 年沿江各省市"十二五"和 2011 年经济增长预期目标** 表 1.1-2

| 地　区 | 2011 年预期目标 | "十二五"目标 |
|---|---|---|
| 全国 | 8% 左右 | 7% |
| 上海市 | 8% 左右 | 年均 8% 左右 |
| 江苏省 | 10% | 10% 左右 |
| 安徽省 | 10% 以上 | 比 2010 年翻一番 |
| 江西省 | 10% | 11% |
| 湖北省 | 10% | 2.5 万亿元 |
| 湖南省 | 10% 以上 | 10% 以上 |
| 重庆市 | 13.5% | 12.5% 左右 |
| 四川省 | 12% | 突破 3 万亿元 |
| 云南省 | 10% 以上 | 10% 以上 |

资料来源:国家统计局网站、各地统计局网站及各省市 2011 年政府工作报告。

### 1.1.3 相关产业及政策

- **物流业发展**

《物流业调整和振兴规划》发布以来,政府有关部门对物流业重视程度提高,物流业政策环境也有所改善。有关部门、地方政府出台政策、制定规划,落实国务院《物流业调整和振兴规划》。全国现代物流工作部际联席会议出台《关于促进制造业与物流业联动发展的意见》;商务部组织开展流通领域现代物流示范工作;国家税务总局持续扩大物流企业税收试点;铁道部积极推进战略装车点建设和路企直通运输;交通运输部开展物流信息化和甩挂运输试点工作;工信部组织编制《物流信息化发展规划(2010 ~ 2015)》;国家邮政局制定部门规章,规范邮政快递市场;海关总署开展出口货物分类通关试点改革;国家开发银行等金融机构为物流项目提供战略性融资服务。与此同时,一些省市出台了《物流业调整和振兴规划》实施细则,建立了现代物流工作协调机制,制定了相应的专项规划和法规,出台了具体的财税扶持政策。

2010 年我国社会物流总额 125.4 万亿元,按可比价格计算,同比增长 15%;社会物流总费用与 GDP 的比率为 17.8%,同比下降 0.3 个百分点;物流业增加值为 2.7 万亿元,同比增长 13.1%,占 GDP 的比重为 6.9%。物流业产业地位的显著提升,物流市场规模的快速扩张,物流企业的加速成长,物流基础设施建设进度的明显加快,为保证国民经济平稳较快发展发挥了重要的支撑保障作用,也有力地支持了长江航运的发展,促进了发展方式的转变。重庆两路寸滩保税港区(一期)正式通过国家验收;中外运与长航集团合并重组,并全面参与武汉新港建设;武汉市政府与泸州市政府签署港口物流发展战略合作框架协议;南京港围绕长江国际航运物流中心的构建,加强港口资源整合和功能调整,并与中外运长航集团实施战略重组;"长江航运物流公共信息平台试点工程"项目加快推进。

● 流域综合利用

2010年,长江流域、太湖流域综合规划(2009年修订)先后通过水利部审查及部际专家协调,已报国务院审查待批。汉江、金沙江、嘉陵江、鄱阳湖区等重要支流、湖区的综合规划,以及长江流域水资源综合规划、水土保持生态建设规划等专业规划相继编制完成。

流域重点工程建设取得重大进展。三峡工程成功蓄水至175米,防洪、发电、航运等综合效益开始全面发挥。南水北调中线丹江口大坝加高工程、兴隆枢纽、陶岔渠首等建设进展顺利。荆江河势控制应急工程全面完成,引江济汉工程、洞庭湖、鄱阳湖综合治理、长江中下游河道整治、病险水库除险加固、蓄滞洪区建设等积极推进。鄱阳湖水利枢纽工程作为鄱阳湖生态经济区的核心工程前期工作取得重大进展。金沙江水电开发溪洛渡、向家坝水电站进入第一个混凝土浇筑高峰年,并全面进入金结机电安装阶段。清江水布垭、乌江构皮滩、嘉陵江亭子口、雅砻江锦屏等一批大型工程相继开工或建成。

2011年,岷江、洞庭湖区、赤水河流域规划以及长江流域重要河道采砂管理规划、长江中下游干流河道治理规划(修订)、三峡库区水资源保护规划将编制完成,南水北调东线一期、南水北调中线水源工程、岷江航电综合开发、金沙江溪洛渡和向家坝等大型水电站等流域重点工程建设将加快推进。此外,《中共中央国务院关于加快水利改革发展的决定》正式公布,标志着新一轮大规模水利建设即将展开。

● 节能减排

自2010年1月20日国务院召开常务会议研究部署加强淘汰落后产能工作开始,节能减排就几乎贯穿2010年全年。2010年,国务院出台多项措施,加快产能过剩行业结构调整、抑制重复建设、加快培育和发展战略性新兴产业,力促实现"十一五"节能减排的目标。2010年三季度后,限电、限产等非常规性政策在河北、山西、江苏等诸多省市不约而同出现,钢铁等高耗能、高排放行业首当其冲,受产能缩减影响,煤炭、铁矿石需求短期呈现降低趋势。

2010年3月9日,交通运输部印发了《2010年交通运输行业节能减排工作要点》,明确提出了2010年交通运输行业的12项节能减排工作。5月14日,"车、船、路、港"千家企业低碳交通专项行动拉开序幕。交通运输部联合财政部印发《长江干线船型标准化补贴资金使用管理办法》,结合落实国务院印发的《船舶工业调整和振兴规划》,出台促进老旧运输船舶和单壳油轮报废更新的经济鼓励政策,落实老旧运输船舶和单壳油轮提前淘汰补贴资金。在政策的指引下,长江航运行业加快节能减排的步伐,对产品进行升级换代,走节约型、环保型和资源综合利用型的可持续发展之路。

## 1.2 行业政策与规划

### 1.2.1 行业政策

- **国家决策部署加快长江等内河水运发展工作**

2010年8月25日,国务院常务会议研究部署推进长江等内河水运发展工作。会议指出,要切实提升内河水运的质量效益,力争用10年左右时间,建成畅通、高效、平安、绿色的现代化内河水运体系。建设畅通的高等级航道;加快内河主要港口和部分地区重要港口港区建设,构建航道、港口、船舶和支持保障系统协调发展、运转高效的内河水运体系;加快建设长江干线现代化水上安全监管和应急救助体系;处理好水运发展与水生态环境保护的关系,合理布局沿江沿河产业;完善水运、公路、铁路、航空、管道等多种运输方式优势互补的一体化运输体系。

2011年1月,国务院以"国发[2011]2号"文的形式正式发布《关于加快长江等内河水运发展的意见》,提出了水运发展对于优化沿江沿河地区产业布局以及区域经济协调发展的重要意义,将内河发展提升到了支撑区域战略发展的高度;指出了我国内河水运的发展目标:"要利用10年左右的时间,建成畅通、高效、平安、绿色的现代化内河水运体系,建成比较完备的现代化内河水运安全监管和救助体系,运输效率和节能减排能力显著提高,水运优势与潜力得到充分发挥,对经济发展的带动和促进作用显著增强。2020年,全国内河水运货运量达到30亿吨以上,建成1.9万公里国家高等级航道,长江干线航道得到系统治理,成为综合运输体系的骨干、对外开放的通道和优势产业集聚的依托。长江等内河主要港口和部分地区重要港口建成规模化、专业化、现代化港区。运输船舶实现标准化、大型化,长江干线运输船舶平均吨位超过2000吨。"提出将通过加强规划指导、加大资金投入、完善法律法规、保护岸线资源等多项措施推进内河水运又好又快发展。

- **交通运输部研究落实推进长江等内河水运发展工作**

8月27日,交通运输部召开部党组会议,贯彻落实国务院第123次常务会议精神,研究进一步推进长江等内河水运发展,会议提出了要重点做好五个方面的工作。一是继续配合国家发展改革委员会修改完善《关于加快长江等内河水运发展的意见》,抓紧起草贯彻落实的具体措施。二是认真编制内河航运"十二五"发展计划,做好与交通运输"十二五"发展计划衔接,2011年交通运输工作年度计划要充分体现加快内河水运发展的要求。三是切实采取措施加大水运项目前期工作力度。交通运输部将成立长江干线航道建设前期工作专家技术顾问组,兼顾指导前期工作中的技术问题,同时改进和加快部内前期工作的相关审批程序。四是进一步加强与国家相关部委和沿江地方政府的统筹协调,形成合力,创造加快内河航运发展的良好环境。五是持续做好内河航运宣传,进一步统一思想认识,凝心聚力加快内河航运发展。9月1日交通运输部综合规划司在重庆组织召开了"十二五"期间长江干线航道建设前期工作座谈会，对长江航道“十二五”建设规划作出明确要求。9月9日，交通运输部水运局在青岛组织召开了加快内河水运发展工作座谈会，讨论了加快长江等内河水运发展的具体措施。

2011年3月交通运输部印发“关于贯彻《国务院关于加快长江等内河水运发展的意见》的实施意见”。实施意见中的措施主要有以下几个方面：第一，制定内河水运发展“十二五”专项规划，“十二五”末力争全国内河高等级航道达标里程比“十一五”末增加3000公里，港口吞吐能力增加13亿吨，船舶平均吨位提高67%，单位运输成本较2010年降低10%。第二，加大投资力度，预计在“十二五”期间全国内河水运建设达到2000亿元，其中中央投资占450亿元。第三，进一步加强航运管理，包括船舶运输的规范，市场监管，以及加快《航道法》立法进程。第四，推动科技进步创新，推进产业标准化，应用和推广节能减排技术，淘汰老旧船舶，建立数字航道。第五，完善协调机制，进一步完善和推进关于黄金水道建设的部省际间的协调和协商机制。

- **长江航务管理局全面提升长江航运发展战略内涵**

交通运输部长江航务管理局在2009年初确立了“一条主线四个长江”的发展战略。其核心内容是，以“建设长江黄金水道，发展现代长江航运”为主线，以打造“平安长江，数字长江，阳光长江，和谐长江”为根本任务，以践行“三个服务”为根本要求，以“加快发展现代长江航运业”为主攻方向，以“到2020年实现长江航运现代化”为主要目标，并分三个阶段循序渐进。

2010年以来，作为交通运输部的派出机构，长江航务管理局积极向地方政府、行业相关单位、社会各界有针对性地通报和宣讲张德江副总理长江调研重要讲话、国务院常务会议、《国务院关于加快长江等内河水运发展的意见》和交通运输部有关决策和部署的主要精神及其落实情况，与地方政府密切配合，共同推进贯彻落实。同时，结合《国务院关于加快长江等内河水运发展的意见》对长江航运发展提出的新的更高的要求，全面提升长江航运发展战略内涵，积极推进长江航运转型升级。提出长江航运的发展要由以基础设施建设为主向建设和服务并重转变，由依赖要素投入发展向要素投入、科技进步、体制机制创新并举转变，更加关注长江航运的资源特性与优化配置要求，更加关注资源环境的可持续利用。提升长江航运发展战略要突出五个核心内容：一是要加快建设“畅通、高效、平安、绿色”的现代化长江航运体系，力争提前实现长江航运现代化；二是要突出质量和效益，加快建设加快发展，更好地带动和服务流域经济社会发展；三是要充分发挥长江航运的比较优势及其与其他运输方式的组合效率，完善现代综合运输体系；四是要充分发挥长江航运资源配置功能，加快中心城市航运枢纽建设，发展现代综合物流；五是要创新体制机制，合力推进黄金水道建设。

- **沿江各省市政府继续加大水运发展的政策支持力度**

“十一五”期间，沿江各省市纷纷将经济发展重点转向沿江地区，制定了依托长江黄金水道促进沿江地区开发开放和区域经济合作的战略规划。江苏、湖北、云南、重庆、四川、安徽等省市出台了加快水运发展的意见或决定，长江沿岸29个中心城市共同签署《关于加快黄金水道开发进一步促进产业合作的多边协议》。

2010年，重庆市成立航运交易所，并于9月正式挂牌运行，以发展航运总部经济、做大船舶交易市场、开展航运金融和货物交易综合服务、发布航运信息、促进航运人才发展等主要业务模式，提升航运服务能力。湖北省政府批准组建湖北省交通投资有限公司，运用政府授权的投资经营职能，广泛吸收和运用国内外资金投入湖北水运发展，并从2010年起，省政府每年筹集5亿元专项资金，用于全省水运事业发展。湖南省从2010年起，建立了省级水运发展专项资金，明确了"十二五"期间省财政水运建设投资在2010年3亿元的基础上逐年递增，并着手搭建水运建设融资平台。江西省出台了《关于策应长江黄金水道建设，提升水运发展水平的若干意见》，搭建投融资平台，组建江西港航建设投资有限公司，省财政分两年安排2亿元作为资本金注入江西港航建设投资有限公司，省交通运输厅年度按不低于省财政投入，统筹安排交通建设资金。安徽省出台了《关于加快交通运输基础设施建设的意见》，并明确"十二五"期间每年安排1亿元支持内河水运发展，收费航道试点已启动。江苏省镇江市、苏州市出台了《关于加快全市水运发展的实施意见》，明确了加强水运发展的统筹协调和加大水运发展的政策扶持等内容。

- **推进长江干线船型标准化**

为加快推进长江干线船型标准化，由交通运输部、财政部和上海市、江苏省、安徽省、江西省、湖北省、湖南省、重庆市、四川省、云南省、河南省人民政府联合制定的《推进长江干线船型标准化实施方案》于2009年10月1日起施行。方案提出，将利用5年左右时间，即从2009年10月1日至2013年12月31日，通过推进长江干线船型标准化，使川江及三峡库区船型标准化率达75%以上，三峡船闸的通过能力提高10%以上，长江干线货运船舶的平均吨位达1000载重吨以上，船舶安全技术性能明显提高。同时，为实现长江干线船型标准化的目标，财政部、交通运输部和地方人民政府筹集专项资金，制定经济鼓励政策，用于现有船舶的更新改造和淘汰。

2010年3月，财政部联合交通运输部颁布实施了《长江干线船型标准化补贴资金管理办法》，对在2009年10月1日至2013年12月31日期间三峡船闸小吨位船舶拆解、长江干线老旧运输船舶拆解、三峡库区现有客船加装生活污水处理装置改造和三峡库区单壳油船、单壳化学品船改造或拆解给予补贴资金。补贴资金由中央财政和地方财政共同承担，中央和地方各承担50%。

2010年9月，交通运输部授权长江航务管理局牵头组织协调方案的实施。12月10日，长江航务管理局根据交通运输部办公厅《关于授权长江航务管理局代部组织实施推进长江干线船型标准化有关工作的通知》，制定了《加快推进长江干线船型标准化工作方案》，并列出了分阶段目标工作时间表。沿江省市交通运输主管部门，依照各自职责，制定和完善相关规定。船型标准化工作正在长江全线稳步推进。

- **机制建设**

“十一五”期间，长江黄金水道建设与发展得到了党中央、国务院的高度重视，交通运输部和沿江省市政府建立了多层次、宽领域、动态化的全力发展的长江水运发展协调机制，制订了《“十一五”期长江黄金水道建设总体推进方案》，共同签署了《关于合力推进长江黄金水道建设的若干意见》等。沿江省市不断创新机制，构建了政府主导、多方协作的水运发展新格局。四川省建立了“政府主导、统一规划、省市联动、以市为主、企业主体、市场运作”的水运建设新体制新机制；重庆市提出了“港口、物流和产业”三结合的港口发展模式；湖南省建立了由省领导牵头的水运发展协调领导机制；湖北省交通运输厅先后与上海市、重庆市和安徽省交通主管部门、长江航务管理局达成了共建协议；江西省统一港航管理体制，整合航务局、航运局职责，组建了江西省港航管理局；上海市加强了与长三角、长江流域、沿海港口的合作。

2010年，长江航务管理局进一步强化“五种机制”建设。建立健全与交通运输部上下级之间的顺畅协调机制；强化系统内部政令畅通、开放包容、相互配合支持的联动协调机制；完善与沿江省市政府及交通港航管理部门的沟通协调机制；完善与重要港航企业的联系协调机制；完善与涉水管理部门的合作协调机制。继2009年与湖北、江苏、安徽、江西、重庆等七省市交通运输厅(委)签署“共建协议”后，2010年与云南、四川两省交通运输厅、上海市交通运输和港口管理局签署“共建协议”，与甘肃省交通运输厅签署框架合作协议；与岳阳市、芜湖市等地方人民政府，武汉理工大学等高等院校，新华社湖北分社、湖北日报传媒集团等新闻媒体签订了战略合作协议或框架协议；与长江水利委员会建立合作工作执行协调机制；实施“百家企业联系机制”，畅通政府管理部门与港航企业的信息沟通渠道。

### 1.2.2　行业规划

- **交通运输业“十二五”规划编制工作全面推进**

2011年全国交通运输工作会议上，交通运输部提出“十二五”交通运输发展的总体要求，即：深入贯彻落实科学发展观，认真落实中央的一系列决策部署，以科学发展为主题，以加快转变交通运输发展方式为主线，以结构调整为主攻方向，按照适度超前的原则，积极推进综合运输体系建设，加快发展现代交通运输业。到2015年，初步形成涵盖公路、水路、民航、邮政的安全畅通便捷绿色的交通运输体系，适应经济社会发展新要求和人民群众的新期待。并提出要从以下六个方面组织推进：稳步推进基础设施建设，加快推进结构调整，着力推进科技创新和信息化建设，不断推进基本公共服务均等化，深入推进交通运输改革开放，持续推进行业文明和党风廉政建设。

交通运输部审议并原则通过了公路、沿海港口、内河水运和支持系统“十二五”建设规划，提出了交通运输“十二五”发展的指导思想和发展目标。交通运输“十二五”发展规划以“保持持续发展、推进协调发展、鼓励创新发展、促进绿色发展、坚持安全发展”为基本原则,全面贯彻落实“十二五”我国经济社会发展新形势对交通运输的新要求,紧扣科学发展这个主题,紧扣加快转变经济发展方式这条主线,突出了做好“三个服务”的发展宗旨,体现了“适度超前”的发展战略。沿江省市“十二五”交通发展规划和长江航务管理局系统“十二五”建设规划进入完善阶段。

在“十二五”长江干线航道建设前期工作座谈会上,交通运输部负责人指出,长江干线航道建设要遵循“规划指导、项目牵引、加强管理、有序推进”的原则,重点实施长江中游荆江河段航道治理工程和长江下游南京以下12.5米深水航道建设工程两大工程,并围绕“十二五”建设目标和两大建设工程,全面开展项目前期工作,建立项目储备,细化实施方案。

- **长江航运“十二五”现代化发展目标更为明确**

长江航务管理局按照交通运输部的统一部署,准确把握发展形势和任务,制定了“十二五”期长江航运现代化建设的目标、任务和措施,当前正在积极推进长江航运快速发展、协调发展、安全发展、绿色发展、和谐发展。

“十二五”期间长江航运现代化发展目标是:到2015年,长江航运能力显著提高,“四个长江三步构建”第二步目标圆满实现,总体适应并适度超前于流域经济社会发展的需求。

“十二五”期间长江航运现代化建设的主要任务是:一是以基础设施建设为重点,加快提升长江航运的公共服务能力。加快长江干线航道系统治理,提高上游航道等级,改善中游航道条件,加快下游深水航道建设,完善三峡通航设施建设;完善港口布局,优化港口结构,科学利用岸线资源,加快现代港口枢纽建设。二是以结构调整和改善民生为重点,加快转变长江航运发展方式。以实施船型标准化为契机,加快航运结构调整,调整运输方式;积极发展低碳航运,切实加强先进实用技术和装备的研发应用,积极开展航道整治、船型标准化、节能减排等关键技术的研究和攻关,加大对长江航运信息化的技术研究,形成长江航运诸要素与各部门之间的信息系统、交换和共享机制。三是以安全监管为重点,加快建设长江航运安全保障体系。加快建设长江干线现代化水上安全监管和应急救助体系,加强三峡坝区等综合基地建设,加强长江危险品运输、滚装运输、客运旅游和渡口渡船的安全监管、应急处置和治安防控能力建设;严格落实企业的安全生产主体责任和政府的安全监管责任,强化重点水域安全监管,建立重大隐患排查、重大危险源监控和预警、预报、预防制度,提高应对极端气候、地质灾害和航道应急抢通能力,建立长江航运污染事故应急响应机制,严格执行和逐步提高船舶排放标准。四是以深化服务为重点,加快提高政府引导和调控水平。认真研究和积极探索一系列有利的发展政策,积极配合国家和交通运输部建立和完善行业法律法规体系;引导港口和航运企业走规模化、专业化、集约化以及差异化和特色化的发展道路;完善帮扶企业的长效机制,加强运输组织协调和运输市场管理,促进沿江综合物流体系建设。五是以党建和行业文明建设为重点,加快提升长江航运软实力。深入推进党风廉政建设和行业文化建设,加快人才队伍建设,强化新闻宣传工作。

- **长江水运规划体系日趋完善**

"十一五"期间,国务院批准实施了《全国内河航道与港口布局规划》,印发了《长江干线航道总体规划纲要》;完成了长江水系水运规划修编,积极配合水利部、国务院三峡工程建设委员会开展了长江流域综合规划修编工作和长江三峡后续工作规划编制工作;沿江省市不断完善水运发展规划,省级内河水运发展规划均已完成并经省级人民政府批准或经部省联合批准,主要港口总体规划大多已经部省联合审查或批复。

2010年5月,《九江港总体规划》获得国家交通运输部和江西省人民政府联合批复;11月,《岳阳港总体规划》原则通过国家交通运输部和湖南省政府组织的专家评审团评审。

2010年8月,《长江口航道发展规划》获交通运输部批复。该规划明确了长江口航道"一主"(主航道)、"两辅"(南槽航道和北港航道)、"一支"(北支航道)的航道体系格局。确定规划目标为"争取利用10~20年的时间,建成以长江口主航道为主体,北港、南槽和北支等航道共同组成的长江口航道体系,确保长江口主航道12.5m水深畅通并进一步向上延伸,北港、南槽和北支等航道资源得到合理开发利用和有效保护,适应流域经济发展对长江口航道的需求";航道建设标准为"主航道满足5万吨级集装箱船(实载吃水11.5m)全潮、5万吨级散货船满载乘潮双向通航,兼顾10万吨级集装箱船和10万吨级散货船及20万吨级散货船减载乘潮通航。北港航道满足3万吨级集装箱船(实载吃水11m)乘潮及5万吨级减载散货船乘潮通航;南槽航道满足万吨级船舶乘潮通航;北支根据河势演变情况和经济发展需要,进一步研究其发展目标。"

### 1.2.3 法制建设

- **交通运输部印发《关于加强交通运输法制建设的若干意见》**

为进一步贯彻落实国务院《全面推进依法行政实施纲要》,不断提高交通运输依法行政水平,结合交通运输行业实际,交通运输部印发了《关于加强交通运输法制建设的若干意见》(交政法发[2010]190号),确立了建设法治型、服务型交通运输部门的目标,明确提出了今后一段时期交通运输法制建设的指导思想和具体目标、基本原则和要求、主要任务和措施,是指导各级交通运输部门依法行政的纲领性文件,对做好新形势下交通运输法制工作具有重要的现实意义和指导作用。

- **交通运输部重启《航运法》立法工作**

1996年开始的《航运法》立法工作,由于立法资源有限,一些重要的航运政策不成熟等原因,曾一度搁置。交通运输部2010年重新启动《航运法》立法工作。《航运法》立法工作组于2010年8月4日在宁波召开会议,研究拟通过《航运法》立法解决的重大问题及立法原则、思路,确定《航运法》立法工作计划。交通运输部12月7日在武汉召开《航运法》专题研究工作会议,确定了《航运法》专题研究及工作分工方案。据初步计划,到2012年底完成该法的起草工作。

- **交通运输部加快推进《航道法》立法进程**

原交通部于2004年专门成立了《航道法》立法工作组，至今已两次完成《航道法》上报稿的起草和完善修改工作。2009年12月，张德江副总理在考察调研长江和内河航运时，提出要加快《航道法》立法工作。随后，交通运输部重新启动了《航道法》的立法工作，国务院法制办公室也将其列入了二类立法计划。2010年12月19至20日，国务院法制办公室就《航道法》等内河水运法制建设工作进行了专题调研。

- **交通运输部出台系列涉及水运的规范和强制性行业标准**

《船舶交易管理规定》于2010年3月5日由交通运输部正式发布，自4月1日起施行。受交通运输部专门委托，上海航运交易所将负责组织船舶交易服务机构会员，拟定统一规范的船舶交易服务规范、交易规则、交易合同示范文本，建立全国统一的船舶交易信息平台，提供船舶交易信息服务等。其颁布实施标志着我国船舶交易管理在法制化、规范化道路上迈出了重要一步。

2010年是深入推进工程建设领域突出问题专项治理工作的关键年。制定《交通支持系统建设管理规定》，进一步规范和加强交通支持系统建设管理，保证政府投资效益和资金安全。出台了《关于加强水运工程招标备案管理的通告》等文件，加强对水运工程建设项目招投标备案管理，规范招标投标行为。

此外，交通运输部制定并印发了《水运工程工法管理办法(试行)》，先后公布《港口建设项目环境影响评价规范》、《海港集装箱码头设计规范》、《港口工程地基规范》、《高桩码头设计与施工规范》、《港口岩土工程勘察规范》、《港口工程荷载规范》、《水运工程大体积混凝土温度裂缝控制技术规程》、《航道工程地质勘察规范》、《海岸与河口潮流泥沙模拟技术规程》等强制性行业标准。

- **长江航务管理局相继出台规范性文件**

"十一五"以来，长江航务管理局相继出台了一系列规章和制度，初步形成了涵盖运政、船舶、通航、应急、危防、船员等全方位、多层面的长江航运安全管理法规体系，法规制度不断完善。

2010年，长江航务管理局编制了《长江航运突发事件应急预案》，印发了《长江航运突发事件信息报告和处理办法》，制订了《三峡船闸二级易燃易爆危险品船舶过闸检查规定》，实施了《长江干线治安防控体系建设指导意见》和《长江三峡库区滚装码头安全管理办法》。此外，还制定了《关于加快转变长江干线省际旅客运输发展方式的指导意见》，以引导长江干线省际旅客运输规模化、集约化经营，提高市场竞争力、抗风险能力，提升企业安全管理水平。

- **沿江省市制定并推出地方性航道管理条例**

2010年，《江苏省航道管理条例》、《浙江省航道管理条例》、《重庆市航道管理条例》等相继经各省市人民代表大会常务委员会审议通过，并公布实施。

## 1.3　综合交通发展

### 1.3.1　全国交通运输业整体发展概况

“十一五”期间，我国交通运输事业不论是交通设施总量、规模，还是运输能力供给以及运输质量等方面都取得了巨大成就，对国民经济发展的支撑作用明显增强。目前我国交通运输业已进入各种运输方式相互促进、相互补充、协调发展、能力扩张与质量提高并重、全面建设现代综合交通体系的一个新的发展阶段。

2010 年，我国交通基础设施完成投资约 2.2 万亿元，其中公路水路交通固定资产投资完成 1.28 万亿元，同比增长 14.5%；铁路固定资产投资完成 8341 亿元，同比增长 18.8%；民用航空投资额约为 900 亿元，同比增长 50%。到 2010 年底，我国公路网总里程达 398.4 万公里，其中高速公路 7.4 万公里；铁路营业里程达 9.1 万公里，其中高速铁路运营里程达 8358 公里；内河通航里程 12.4 万公里，其中三级及以上航道 9085 公里；全国规模以上港口数量为 96 个，拥有生产用码头泊位 32148 个，其中万吨级及以上泊位 1659 个；民用航空航线里程 276.5 万公里，民用飞机 1604 架，运输机场达到 175 个；管线总里程达到 7.8 万公里，管道输油（气）能力为 49189 万吨。

2010 年，货物运输总量 320 亿吨，同比增长 13.4%，货物周转量 137329 亿吨公里，同比增长 12.4%；旅客运输总量 328.0 亿人，同比增长 10.2%，旅客周转量 27779.2 亿人公里，同比增长 11.9%。全国规模以上港口完成货物吞吐量 80.2 亿吨、集装箱吞吐量 1.45 亿标准箱，同比增长 15%、18.8%。

**2010 年各种运输方式完成旅客（货物）运输量及其增长速度**　　表 1.3-1

| 指标 | 货物 | | | 旅客 | | |
|---|---|---|---|---|---|---|
| | 单位 | 绝对数 | 同比增长（%） | 单位 | 绝对数 | 同比增长（%） |
| 运输总量 | 亿吨 | 320.3 | 13.4 | 亿人 | 328 | 10.2 |
| 铁路 | 亿吨 | 36.4 | 9.3 | 亿人 | 16.8 | 9.9 |
| 公路 | 亿吨 | 242.5 | 14 | 亿人 | 306.3 | 10.2 |
| 水运 | 亿吨 | 36.4 | 14 | 亿人 | 2.2 | -0.7 |
| 民航 | 万吨 | 557.4 | 25.1 | 亿人 | 2.7 | 15.8 |
| 管道 | 亿吨 | 4.9 | 10.3 | | | |
| 运输周转量 | 亿吨公里 | 137329 | 12.4 | 亿人公里 | 27779.2 | 11.9 |
| 铁路 | 亿吨公里 | 27644.1 | 9.5 | 亿人公里 | 8762.2 | 11.2 |
| 公路 | 亿吨公里 | 43005.4 | 15.6 | 亿人公里 | 14913.9 | 10.4 |
| 水运 | 亿吨公里 | 64305.3 | 11.7 | 亿人公里 | 71.5 | 3.1 |
| 民航 | 亿吨公里 | 176.6 | 39.9 | 亿人公里 | 4031.6 | 19.4 |
| 管道 | 亿吨公里 | 2197.6 | 8.7 | | | |

资源来源：2010 年国民经济和社会发展统计公报。

交通运输企业景气度稳定在景气区间波动。根据国家统计局发布的数据,2010 年前三个季度交通运输仓储和邮政业企业景气指数平稳上升,虽然第四季度有所回落,但全年均处于较为景气区间。

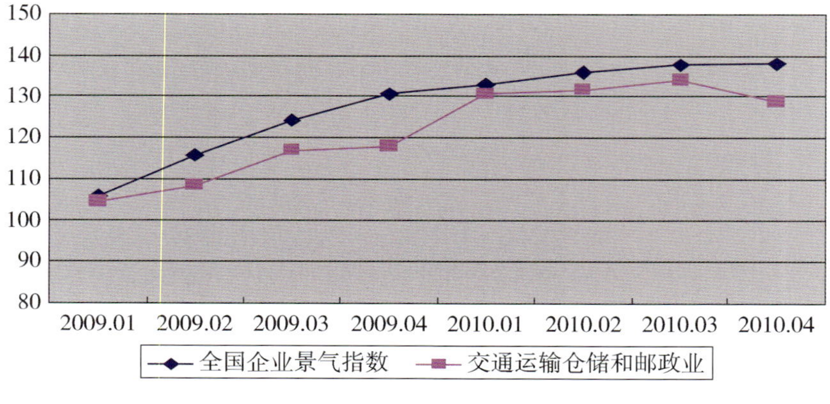


**图 1.3-1　2009～2010 年分季度交通运输业企业景气指数走势图**

资料来源:根据国家统计局网站公布数据整理。

### 1.3.2　长江沿江省市交通运输业发展概况

2010 年,长江沿江省市铁路、公路、水路、民航、管道等运输方式基础设施建设稳步推进,多项重要工程相继建成,沿江综合交通运输体系进一步完善,运输服务和保障能力不断增强。

大规模铁路建设高效推进,加速实现了客货分线运输,铁路营业里程达 2.2 万公里。沪宁、沪杭、昌九、成灌等城际高速铁路、宜万铁路(沪汉蓉铁路通道的重要组成部分)相继通车营运,京沪高速铁路全线铺通,武汉城市圈四条城际铁路全面铺开。

沿江省市高速公路通车里程超过 2.4 万公里,高速公路网构架基本形成,进一步实现了大规模跨省贯通。三峡翻坝高速公路年底正式通车,沪渝高速公路(G50)全线贯通,中心城市市域快速路网基本建成。

长江黄金水道等内河水运建设取得重大进展,成功实施了长江口 12.5 米深水航道治理三期工程并延伸至太仓、中游航道整治等工程,长江三角洲高等级航道网建设工程成效明显,内河通航里程 7.3 万公里。在长江干线和京杭运河等沿线相继建成了一批规模化、专业化港区。

航空运输规模快速增长,基础保障能力大幅提高。虹桥国际机场扩建工程投入运营、重庆黔江舟白机场建成通航等,浦东机场综保区顺利完成封关并正式投入运营。

管道运输建设速度不断加快,运输能力进一步提升。川气东送工程贯通并向上海供气,苏南成品油管道正式投用,西南成品油管道黔北段工程、湘潭至郴州成品油管道及配套油库工程开工建设。

国家发展改革委等部门批复北京、上海、深圳、广州、大连、武汉、西安、成都等 8 个全国性综合交通枢纽试点城市,虹桥综合交通枢纽基本建成,武汉综合交通枢纽、成都西部综合交通枢纽建设快速推进。

### 1.3.3 交通运输业发展趋势

"十二五"是我国交通运输加快转变发展方式、从传统产业向现代交通运输业转型的重要时期。交通运输基础设施仍将大建设、大发展，交通运输管理水平和服务能力迫切需要提高。加强综合交通运输体系建设是"十二五"时期国民经济和社会发展的重要任务之一。《国民经济和社会发展第十二个五年规划纲要》指出，"十二五"期间，将按照适度超前原则，统筹各种运输方式发展，基本建成国家快速铁路网和高速公路网，初步形成网络设施配套衔接、技术装备先进适用、运输服务安全高效的综合交通运输体系。并明确提出"大力推进长江等内河高等级航道建设，推动内河运输船舶标准化和港口规模化发展。"

2011年将加快构建便捷、安全、高效的综合运输体系。继续推进交通基础设施建设，完善路网布局，加快内河水运发展；强化运输保障能力建设，不断提高运输服务水平；加强市场监管，进一步提高行业管理水平；加强科技创新能力，推进信息化建设；进一步推动节能减排，构建绿色交通运输体系；提高交通运输安全监管和应急能力，有效预防和应对特大自然灾害与突发性事件；推进交通运输行业依法行政，深化体制机制改革，创新管理体制机制，扩大对外交流合作。

## 1.4 海运市场发展

海洋运输是国际物流中最主要的运输方式，占国际贸易总运量中的2/3以上。我国进出口货运总量的约90%都是利用海上运输，已成为世界第一贸易大国和最大的海运需求国，国际和沿海水路运输航线多达几千条，国际集装箱班轮航线2000余条。长江航运依托通江达海的优势，通过长江三程运输与沿海二程运输、远洋一程运输有效衔接，组成多式联运，形成国际化的物流大通道。海运市场的发展带动了长江航运国际化业务的蓬勃发展，长江航运的发展也为海运市场的发展提供了重要的支撑作用。

2010年，国际商品市场需求明显反弹，海运市场运输需求稳步回升，运力快速增长，行业整体向上。从三大子行业来看，国际集装箱海运量达到1.4亿TEU，同比增长12.3%，集装箱船队运力增速达到9.3%，国际集装箱租船指数HRCI在2010年的均值比2009年上涨48%，大体反映集装箱海运市场的中国出口集装箱运价指数CCFI在2010年的均值比2009年上涨29%；国际干散货海运量达到32.1亿吨，同比增长9.9%，干散货船队运力达到5.35亿DWT，增长17.5%，波罗的海干散货运价指数BDI在2010年的均值比2009年上涨5%，全年表现出前高后低的特点；全球石油海运量增长3.1%，油轮船队运力增长近4.2%，VLCC的TCE水平整体提升了19%，原油综合运价指数BDTI在2010年的均值比2009年上涨54%。展望2011年，虽然世界经济总体复苏的格局基本确定，但通胀预期以及复苏不平衡性加剧等因素将导致增速放缓，国际大宗商品实际需求将减弱，预计世界贸易量将增长8.3%。集装箱、干散货和石油的海运需求增长速度有望达到10.6%、8.4%和1.7%，集装箱、干散货和油轮船队的运力增速分别为7% ~10%、10% ~15%和4%。需求从恢复性增长迈向稳定增长，增长的质量得以提升。

海运行业主要指数表现　　表1.4-1

| 市场 | 指数 | 2009年底 | 2010年底 | 涨跌幅 | 2009年均值 | 2010年均值 | 涨跌幅 |
|---|---|---|---|---|---|---|---|
| 干散货 | BDI | 3,005 | 1,773 | -41% | 2,617 | 2,758 | 5% |
| | BCI | 3,887 | 2,346 | -40% | 4,172 | 3,480 | -17% |
| | BPI | 3,567 | 1,845 | -48% | 2,405 | 3,115 | 30% |
| | BSI | 2,224 | 1,493 | -33% | 1,658 | 2,148 | 30% |
| 油轮 | BDTI | 814 | 1,043 | 28% | 581 | 895 | 54% |
| | BCTI | 634 | 759 | 20% | 485 | 732 | 51% |
| 集装箱 | CCFI | 996 | 1,054 | 6% | 879 | 1,131 | 29% |
| | HRCI | 334 | 668 | 100% | 371 | 548 | 48% |

资料来源:航运行业网站。

2010年,我国沿海散货运输市场行情起伏较大,中国沿海散货综合运价指数CCBFI年平均1455点,较去年上涨20.9%,全年走势呈"W"形。华东和东南沿海地区煤炭需求旺盛。以北方港口发运煤炭情况来看,除2月份发运煤炭仅为3709万吨以外,其余月份发运煤炭均在4400万吨以上,其中10月份发运煤炭高达4982万吨。进口煤炭方面,全年煤炭进口量达到1.65亿吨,占到亚太地区贸易量30%以上,是全球第二大煤炭进口国,净进口煤炭1.46亿吨,同比增长29%,这也是自2009年我国首次成为煤炭净进口国后,煤炭净进口量继续高速增长。金属矿石运输较为平稳,我国铁矿石进口量达到6.186亿吨,占全球铁矿石海运贸易量的60%,铁矿石进口量同比上年下降幅度为1.4%,10多年来第一次出现了进口数量绝对下降的局面。2010年,我国原油进口量达到2.39亿吨,增长约20%,占世界石油贸易量的10%左右。华东地区由于管道运输能力趋于饱和,南京港、上海港水运到达量上升,港口原油吞吐量小幅增长。海洋油内贸发运量增长迅速。全年除燃料油运输需求明显减少、汽柴油资源阶段性波动外,国内成品油运输总体稳定。

展望2011年,沿海干散货市场方面,煤炭内贸水运量继续保持上升趋势,煤炭净进口量还将继续增长,华东及东南沿海地区的一部分煤炭需求还需要依靠进口来解决;预计钢铁产能和需求相比2010年仍将保持适度的增长,国内钢厂的复产可能推动铁矿石进口回升,但11月份中钢协宣布减少中国铁矿石进口依存程度,大力推进国内矿的使用,可能抑制铁矿石进口需求的增长。从内贸转运来看,进口铁矿石二程矿中转比例上升。沿海干散货运输市场的运力增幅可能高于运量增幅,运价水平大幅回升的可能性不大,季节性因素仍然凸显,波动幅度较大。我国原油增加的需求全部依赖进口的局面将在未来几年继续存在,原油进口将长期维持稳健增长的局面。

我国外贸国际航线运输量和港口内支线集装箱吞吐量大幅增长，长江内支线港口集装箱吞吐量明显提升。内贸集装箱运输方面，家具、家电、汽车等适箱货成为消费热点，拉动内贸集装箱运输需求大幅攀升。我国规模以上港口完成集装箱吞吐量 1.45 亿 TEU，连续 6 年保持世界第一。上海港集装箱吞吐量完成 2905 万 TEU，超越新加坡港，首次成为全球第一大集装箱港口。展望 2011 年，随着国家一揽子经济刺激政策效果的进一步体现与国内消费市场的迅猛发展，内需增长动力将逐步由政策推动转向市场驱动，国内水路集装箱运输需求有望继续保持良好的增长势头。

# 第2章　水运基础设施建设

## 2.1　航道建设

### 2.1.1　长江干线

"十一五"以来，国家加大对长江干线航道建设力度，通航条件明显改善，通过能力稳步提高，长江干线航道实现了全河段夜航。据初步统计，"十一五"期间，长江航道局航道整治累计完成投资38亿元，先后实施航道整治项目35个，长江口航道管理局累计完成投资约68亿元。长江下游航道初步实现了深水化，长江口深水航道12.5米水深全线贯通，并上延至太仓，南京至太仓段航道水深达10.5米，3万吨海轮可常年通达南京，5万吨级海轮可常年到达太仓；中游荆江河段的最低航道维护水深从2.9米提高到了3.2米；上游重庆至宜宾航道最低的航道水深从1.8米提高到了2.7米，达到Ⅲ级航道标准。

2010年，长江航道局完成航道整治建设投资14亿元，特别是中央新增预算投资6.5亿元投资任务全部完成。"十一五"期间，长江航道局完成航道整治投资如图2.1-1所示。

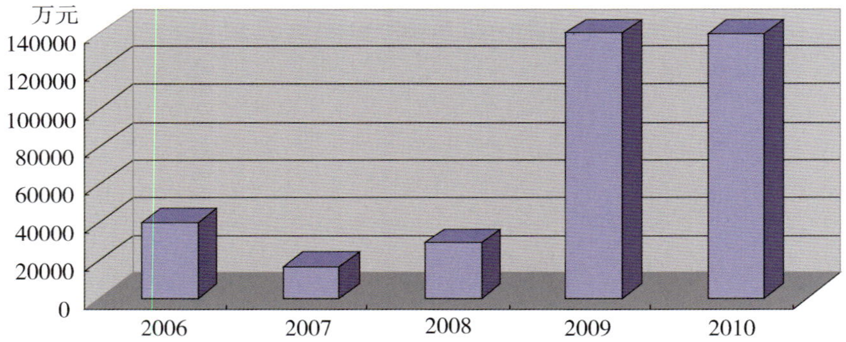


图2.1-1　长江航道局"十一五"期间航道整治投资情况

2010年新增中央预算内投资航道建设项目进展情况见表2.1-1。

长江上游宜宾合江门至泸州纳溪航道建设二期工程基本建成，Ⅲ级航道由重庆上延至宜宾。宜宾至水富航道整治工程已完成可行性研究，目前正在开展长江干线川境段扩能建设前期工作。

长江中游航道治理与河势控制相结合，重点河段的控制引导工程相继开工或完成。马家咀水道一期、嘉鱼至燕子窝河段航道整治工程通过竣工验收，周天河段、瓦口子水道航道整治控导工程和戴家洲河段一期、沙市河段一期航道整治工程等项目基本建成,窑监河段一期、枝江—江口河段一期、牯牛沙水道一期航道整治工程等续建项目加快建设,三峡—葛洲坝两坝间乐天溪、藕池口水道一期、瓦口子至马家咀河段航道整治工程和窑监河段乌龟洲、戴家洲河段戴家洲右缘下段、沙市河段腊林洲守护工程等项目相继开工,及时稳定了航道条件,一定程度上缓解了中游瓶颈河段的阻航问题。

**2010 年 9 个新增中央预算内投资航道建设项目进展情况** 表 2.1-1

| 项 目 名 称 | 工程总概算(万元) | 进展情况(2010 年底累计完成投资占工程资总投资的比例) |
|---|---|---|
| 长江中游沙市河段航道治理腊林洲守护工程 | 16948.00 | 50.55% |
| 长江中游藕池口水道航道整治一期工程 | 20887.15 | 46.03% |
| 长江中游窑监河段乌龟洲守护工程 | 12638.09 | 60.36% |
| 长江中游瓦口子至马家咀河段航道整治工程 | 27642.86 | 44.47% |
| 长江中游戴家洲河段戴家洲右缘下段守护工程 | 12878.00 | 50.87% |
| 长江下游口岸直水道航道治理鳗鱼沙心滩头部守护工程 | 39435.02 | 41.37% |
| 长江下游安庆水道航道整治工程 | 20881.90 | 43.78% |
| 长江下游福姜沙水道航道治理双涧沙守护工程 | 46833.19 | 34.64% |
| 三峡—葛洲坝两坝间乐天溪航道整治工程 | 15736.91 | 30.18% |

长江下游通航水深不断提高。长江口深水航道治理二期工程 10 米水深航道向上延伸工程、东流水道航道整治工程通过竣工验收,太子矶水道拦江矶炸礁工程基本完工,黑沙洲水道、张家洲南港上浅区、江心洲—乌江河段一期、土桥水道一期、马当河段一期航道整治工程等续建项目加快建设,安庆水道航道整治工程等项目相继开工。“三沙”(福姜沙、通州沙、白茆沙)治理前期研究不断深化,福姜沙水道双涧沙、口岸直水道鳗鱼沙心洲头部守护工程等关键性工程开始实施。

长江口深水航道治理三期工程于 3 月 14 日顺利通过交工验收,并进入为期一年的试通行期,截止到目前,长江口深水航道的通航水深保证率一直保持在 100%。

### 2.1.2 支流航道

“十一五”以来,沿江地方政府、交通运输部合力加强重要支流航道建设,加快以京杭运河扩能和上海国际航运中心的主要港区集疏运通道为重点的长三角高等级航道网建设,加快推进赣江、汉江、湘江、嘉陵江等重要通航河流梯级开发进程,共实施了 60 多个航道建设重点项目,完成投资总额约 650 亿元,新增或改善高等级航道里程 1000 多公里。

- **上游地区**

嘉陵江渠化快速推进，规划的15个梯级中，已建成或基本建成四川沙溪、金银台、红岩子、新政、金溪、马回、凤仪场、小龙门、青居、东西关、桐子壕和重庆草街等12个梯级，实现渠化四级航道345公里、三级航道70公里；在建项目有亭子口和苍溪枢纽，重庆利泽枢纽已经开展相关前期工作。以航为主的岷江航电综合开发、乌江航运建设工程全面启动，三峡库区重要支流航道建设前期工作加快推进。上游地区主要支流航道重点建设项目进展情况见表2.1-2。

**上游地区主要支流航道重点建设项目情况表** 表2.1-2

| 河流 | 项目名称 | 工程概况及进展情况 |
|---|---|---|
| 乌江 | 乌江（乌江渡～龚滩）航运建设工程 | 总投资5.7亿元，将按四级航道标准整治构皮滩、思林、沙沱、彭水四个水电站库区变动回水段航道共84公里，整治滩险68处。2009年12月开工，目前已完成沿河县城区航道整治工程 |
| | 乌江河口至白马段航道建设工程 | 建设范围为乌江河口至白马段，约45公里。总投资为23474.94万元，建设标准为内河Ⅲ级航道、按照内河一类航标配布。2010年9月，工程可行性研究报告获批复 |
| 岷江 | 岷江大件航道大型养护整治工程 | 2008年12月开工，其中大件航道整治工程3500万元。2009年至2010年整治滩险10个 |
| | 航电枢纽建设工程 | 总投资预计300亿元。目前，老木孔、东风岩、犍为、龙溪口航电枢纽已通过预可行性研究审查 |
| 嘉陵江 | 航道渠化工程 | 苍溪、亭子口等2个航电枢纽工程进展顺利；渝境段草街航电枢纽工程基本建成 |
| | 草街航道整治二期工程 | 2010年1月开工，目前已通过节点工程验收 |
| | 航道整治三期工程井口至河口段 | 前期工作稳步开展，将于2011年开工实施 |
| | 利泽航运枢纽工程 | 推进嘉陵江利泽枢纽工程的启动 |
| 渠江 | 广安航运建设工程 | 计划投资24.3亿元，将按Ⅲ级航道标准整治四九滩～丹溪口70.9公里航道，并对富流滩船闸进行改扩建。2010年12月30日开工 |

续上表

| 河流 | 项 目 名 称 | 工程概况及进展情况 |
|---|---|---|
| 三峡库区支流 | 抱龙河航道整治工程 | 2010 年 5 月,《抱龙河(摸钱洞至河口)航道整治利用工程可行性研究报告》通过评审 |
| 三峡库区支流 | 梅溪河航道整治工程 | 前期工作稳步开展,将于 2011 年开工实施 |
| 三峡库区支流 | 青干河、九畹溪、吒溪河航道整治工程 | 工程总投资 18788.4 万元,三条航道整治总里程 36.5 公里。于 2010 年开工建设 |
| 三峡库区支流 | 黄柏河航道整治工程 | 估算投资 17621.3 万元,工程建设规模为全长 8.2 公里,Ⅲ级双线航道。2010 年 5 月,《长江三峡库区黄柏河航道整治工程初步设计》通过评审 |

- **中游地区**

湘江干流苹岛以下河段规划的 8 座梯级中,衡阳以下相继建成了大源渡航电枢纽和株洲航电枢纽,衡阳以上相继建成了潇湘水利水电枢纽、近尾洲水利水电枢纽和浯溪水电枢纽;华能湘祁(原归阳)水电枢纽工程和长沙综合枢纽工程已于 2009 年开工建设,土谷塘航电枢纽工程于 2010 年底正式动工,株洲至岳阳 2000 吨级航道建设工程于 2010 年年底开工。汉江崔家营航电枢纽工程于 2010 年全面建成,汉江上游白河至丹江航道整治工程预计 2011 年建成,下游蔡甸至汉川主体工程已经完工,汉江兴隆至汉川航道整治工程相继开工,引江济汉通航工程全面推进。赣江完成了樟树—南昌航道整治工程,开工建设了石虎塘航电枢纽、峡江水利枢纽,永泰航电枢纽已开展相关前期工作。中游地区航道重点建设项目进展情况见表 2.1-3。

**中游地区主要支流重点建设项目情况表**　　表 2.1-3

| 河　流 | 项 目 名 称 | 工程概况及进展情况 |
|---|---|---|
| 湘江 | 梯级开发工程 | 于 2009 年开工的华能湘祁水电枢纽工程和长沙综合枢纽工程正在建设中,土谷塘航电枢纽工程于 12 月 30 日开工 |
| 湘江 | 湘江 2000 吨级航道建设一期工程 | 工程总投资 7.1 亿元,建设株洲航电枢纽至城陵矶 281 公里 2000 吨级航道。2010 年 12 月开工 |
| 湘江 | 洞庭湖区益阳至芦林潭航运建设工程 | 总投资 2.9 亿元。目前已完成主线 90 公里 1000 吨级航道建设,实现了环洞庭湖主要城市通达高等级航道的目标 |

续上表

| 河流 | 项目名称 | 工程概况及进展情况 |
|---|---|---|
| 汉江 | 喜河库区航运建设工程 | 基本完成 |
| | 漩涡至安康航运建设工程 | 完成138公里航道整治工程 |
| | 安康至白河航道建设工程 | 批准立项 |
| | 白河至丹江口航道整治工程 | 2008年开工，项目总投资2.4亿元。工程完工后，白河至孤山段达到Ⅵ级标准，孤山至丹江口段达到Ⅳ级标准 |
| | 兴隆至汉川航道整治工程 | 总投资9.26亿元，将按Ⅲ级航道标准整治航道189.7公里。于2010年3月开工 |
| | 汉川至蔡甸42公里航道整治工程 | 2008年开工，总投资2.0亿元，目前主体工程已全部完工，已经启动航道整治第三枯水期工程 |
| | 崔家营航电枢纽 | 总投资20.6亿元，2010年7月28日，第六台发电机组实现并网发电 |
| | 汉江兴隆水利枢纽工程 | 总投资30.5亿元。于2009年2月26日正式开工，2010年4月主体工程泄水闸、电站、船闸正式开工 |
| 江汉运河 | 引江济汉通航工程 | 2009年开工，总投资21.4亿元。累计完成投资4.54亿元 |
| 赣江 | 吉安至樟树航道整治工程 | 2003年开工，总投资2亿元，按V级航道标准整治航道151公里。经过4年多的试运行后正式交付使用 |
| | 赣江、信江高等级航道建设 | 开始实施南昌～湖口Ⅱ级航道整治工程、石虎塘航电枢纽工程、峡江水利枢纽工程，计划启动永泰航电枢纽等工程 |
| | 赣江东河南昌至瓢山四级航道整治工程 | 建成赣江东河（南昌—瓢山）四级航道整治工程87公里 |
| 信江 | 信江高等级航道建设 | 将建设八字嘴航运枢纽，对自界牌枢纽至双港段进行航道整治，同时，按照Ⅲ级航道标准改建黄金埠大桥 |

- **下游地区**

建成了苏申外港线、京杭运河徐扬段“三改二”、京杭运河常州市区改线段、芜申线宜兴段等航道整治工程，开工建设赵家沟、大芦线一期、杭申线、苏南运河“四改三”、申张线张家港江阴段、芜申线高溧段、连申线（东台—长江段）、芜申运河等航道整治工程。下游地区主要支流航道重点建设项目进展情况见表2.1-4。

下游地区主要支流重点建设项目情况表 表2.1-4

| 河 流 | 项 目 名 称 | 工程概况及进展情况 |
| --- | --- | --- |
| 合裕线 | 裕溪闸复线工程 | 预计2012年底试通航。建成后,新船闸与老船闸联合运用,设计年通过能力(双向)5930万吨,可以满足1000吨级船舶两排两列一次性过闸 |
| 京杭运河 | 苏北段湖西航道一期工程 | 计划投资9.5亿元,计划工期3年。主要建设内容:将29公里Ⅵ级航道扩建为Ⅱ级航道,新建复线船闸一座 |
| | 徐扬段续建二期整治工程 | 2004年开工,京杭运河徐扬段404公里全线建成国家Ⅱ级航道 |
| | 苏南段"四改三"航道整治工程 | 基本建成无锡段,正加快建设镇江、常州和苏州段航道 |
| | 浙江段"四改三"航道整治工程 | 其中二通道八堡船闸口门整治试验段工程于今年2月份正式开工建设 |
| 长三角水网 | 长三角高等级航道网建设 | 芜申运河航道整治工程进展顺利。<br>湖嘉申线嘉兴段一期工程项目加快推进,二期工程前期工作有序进展。<br>丹金溧漕河航道整治工程开工建设。<br>杭申线上海段、申张线苏州段、锡溧漕河一期、大芦线一期、赵家沟等航道整治项目工程建成。<br>长湖申线航道扩建工程进入全面建设阶段。<br>锡澄运河、连申线东台至长江段、黄浦江上游航道整治工程和钱塘江中上游航运复兴工程等项目开工建设。<br>大芦线航道整治二期工程(大治河段)启动。<br>苏申外港线上海段航道工程顺利完成整治,江苏段航道整治工程前期工作加快推进 |

### 2.1.3 主要航道等级状况

长江水系高等级航道有长江干线、长江三角洲高等级航道网、岷江、嘉陵江、乌江、湘江、沅水、汉江、江汉运河、赣江、信江、合裕线,即"一横一网十线"。通过"十一五"期的建设,航道等级状况大为改善,通过能力大幅提高。目前,长江水系"一横一网十线"航道等级概况见表2.1-5。

长江水系"一横一网十线"航道等级概况 表 2.1-5

| 序号 | 航道 | 航道等级 | 备注 |
| --- | --- | --- | --- |
| 1 | 长江干线 | Ⅰ~Ⅴ级 | 其中:水富至宜宾为Ⅴ级,宜宾至重庆为Ⅲ级,重庆至武汉为Ⅱ级,武汉至长江口为Ⅰ级 |
| 2 | 岷江 | Ⅳ~Ⅵ级 | 其中:宜宾至乐山段为Ⅳ级,乐山至江口段为Ⅵ级 |
| 3 | 嘉陵江 | Ⅳ~Ⅵ级 | 其中:重庆至合川段为Ⅳ级,合川至广元段为Ⅳ~Ⅵ级 |
| 4 | 乌江 | Ⅴ~Ⅵ级 | 其中:涪陵至大乌江段Ⅴ级,大乌江至乌江渡段Ⅵ级 |
| 5 | 湘江 | Ⅲ~Ⅵ级 | 其中:城陵矶至衡阳段基本为Ⅲ级,衡阳至苹岛段为Ⅴ~Ⅵ级 |
| 6 | 沅水 | Ⅲ~Ⅵ级 | 其中:鲇鱼口至常德段为Ⅲ级,常德至浦市段为Ⅳ级,浦市至剑河段为Ⅵ~Ⅶ级 |
| 7 | 汉江 | Ⅲ~Ⅶ级 | 其中:汉口至蔡甸段为Ⅲ级,蔡甸至丹江口段为Ⅳ级,丹江口至神定河段为Ⅴ级;神定河至渭门段为Ⅵ~Ⅶ级 |
| 8 | 江汉运河 | Ⅲ级 | 建设中 |
| 9 | 赣江 | Ⅲ~Ⅵ级 | 其中:湖口至樟树段为Ⅲ级,樟树至万安大坝段为Ⅴ~Ⅵ级,万安大坝至小湖洲尾段Ⅲ级,小湖洲尾至赣州水尺段为Ⅵ级 |
| 10 | 信江 | Ⅲ~Ⅶ级 | 其中:褚溪河口至乐安村为Ⅵ级,乐安村至界牌为Ⅶ级,界牌至红卫坝段为Ⅲ级,红卫坝至流口段为Ⅶ级 |
| 11 | 合裕线 | Ⅲ~Ⅳ级 | 其中:裕溪口至合宁高速公路桥段为Ⅲ级,合宁高速公路桥至当涂路桥段为Ⅳ级 |
| 12 | 长三角水网 | Ⅰ~Ⅶ级 | 其中:京杭运河苏北段为Ⅱ级,江南段为Ⅲ~Ⅳ级;黄浦江为Ⅰ~Ⅲ级;芜申线为Ⅲ~Ⅵ级;长湖申线为Ⅳ~Ⅵ级;湖嘉申线Ⅲ~Ⅵ级;杭申线为Ⅲ~Ⅴ级;锡澄运河为Ⅴ级;丹金溧漕河为Ⅴ~Ⅵ级;申张线为Ⅲ~Ⅵ级;苏申外港线为Ⅲ~Ⅳ级;苏申内港线为Ⅲ~Ⅵ级;赵家沟为Ⅲ级;大芦线为Ⅲ级 |

## 2.2 港口建设

### 2.2.1 港口建设

- **上游地区**

2007 年 1 月正式开工的云南水富港扩建工程竣工开港,扩建后的水富港有件杂、多用途、大件 3 个千吨级泊位,年货运吞吐量将由原来的 40 万吨左右扩展到 200 万吨以上。

泸州—宜宾—乐山港口群建设加快推进，泸州港多用途码头二期续建工程建设进展顺利，到 2012 年 9 月建设完工后，将实现泸州港多用途码头 100 万标箱的吞吐能力；宜宾港长宁香炉滩码头将于 2011 年年初正式投入使用，志城作业区一期工程开港试运营；乐山港一期工程预计 2014 年建成。南充旅游客运码头一期工程进展顺利，南充港集装箱码头一期工程预计 2012 年底竣工。渠江广安航运建设工程广安港正式开建，预计 2013 年 8 月开港营运。

重庆两路寸滩保税港区一期工程通过国家验收；重庆主城港区大渡口作业区茄子溪码头一期工程投入试运营，果园作业区一期工程全部完工，二期工程及二期扩建工程即将开工，东港作业区一期工程进展良好；万州港区新田作业区一期工程开工建设；永川港区朱沱多用途作业区一期工程前期工作进展顺利。其中，果园港是重庆市规划建设的物流枢纽“三基地四港区”之一，也是两江新区重要的门户工程，定位于长江上游地区内外贸集装箱中转中心、散杂货中转服务中心、汽车运输中转中心，设计年总通过能力 3000 万吨，设计年通过能力集装箱 200 万标箱，计划总投资 60 亿元。

乌江彭水下塘口码头工程正式开工建设，建成后将成为渝东南和黔东北地区大宗货物实现通江达海的中转基地和枢纽港。大乌江码头淹没复建工程正式投入使用，楠木渡、沿江渡、河闪渡、德江共和、思南太平等 5 个码头及思林、沙陀、彭水库区等 23 个小码头（停靠点）开工建设。

- **中游地区**

岳阳临湘鸭栏长江货运码头项目于年底开工，预计 2011 年底完成第一期工程建设；新开工建设湘阴县港区漕溪港码头二期工程。长沙港主枢纽霞凝港区二期工程于 12 月通过验收，三期工程开工。株洲港铜塘湾港区一期工程开工建设；益阳港千吨级码头竣工投产。

湖北沿江基本建成以武汉新港为龙头，以宜昌三峡物流中心、鄂东组合港、荆江组合港为支撑的现代港口群。武汉新港管理委员会于 5 月挂牌，阳逻集装箱二港区于 7 月开港运营。列入武汉新港项目库的港航基础设施、集疏运网络、产业发展项目共有 153 个，总投资 2209 亿元；在建项目 65 个，总投资 487 亿元；2010 年新开工项目 19 个，总投资 182 亿元。宜昌港全力打造三峡航运中转中心，主城港区云池作业区一期工程建成，二期工程于 2011 年 1 月开工动建，主城港区三峡游轮集散中心码头工程 8 月开工，枝城港区配煤中心配套工程项目投入使用。2010 年 9 月，宜昌市公布了亿吨组合新港规划。荆州港盐卡二期多用途码头通过竣工验收。黄石外贸码头改扩建工程正式投产，棋盘洲新港区一期工程进展顺利。

汉江喜河库区曾溪左右岸码头、流水镇码头建成，仙桃港综合码头工程即将开工建设，襄樊汉江旅游码头、丹江口库区中心旅游码头建设进展顺利。

江西省以九江、南昌两个主要港口和赣江中游港口群为建设重点，建设发展的步伐明显加快。九江港通过拆房扩场、延长铁路线等措施，缓解了铁路的瓶颈问题，有效提高了港口的通过能力，彭泽核电厂大件码头和湖口港区船台、码头扩建项目相继开工。南昌港于年底开工建设白水湖综合物流码头，樟树港七码头（盐化工码头）工程前期工作有序进展。

- **下游地区**

安徽省加快皖江港口群建设，全面提升港口服务能力。芜湖港裕溪口煤炭储配中心项目一期正在建设，将在2011年内建成运转。安庆港18#码头改扩建工程、合肥港综合码头一期工程相继完工，芜湖港朱家桥外贸码头二期工程和钢材储配中转基地、芜湖融汇专用码头工程、安庆港长风港区一期工程、安徽舒美特化纤综合专用码头工程、马鞍山人头矶港区一期工程等项目加快推进。

江苏省加快以太仓集装箱干线港为主的上海国际航运中心北翼长江港口群，以及以京杭运河为主线的高等级干线航道网的内河港口建设，沿江和内河港口基础设施规模继续扩大。南京港龙潭港区四期工程、五期工程，西坝港区通江集作业区液体化工码头一期工程、新生圩港区液体化工码头相继完工。镇江港大港港区三期工程码头通过省级验收、四期工程项目获批，国电谏壁发电厂5万吨级煤码头扩建工程投入使用，扬中港区长旺作业区一期工程、高资港区苏润码头改扩建工程项目启动建设。无锡内河港城郊港区胡埭作业码头工程项目启动新建。苏州港太仓港区集装箱三期工程、武港矿石码头工程，张家港保税区苏润集装箱码头、张家港港区化学工业园作业区液体化工码头工程、孚宝内港池码头工程相继建成或投入使用，常熟港区兴华作业区件杂货码头工程、华润石油化工码头改造工程开工建设。南通港狼山港区三期集装箱泊位工程、洋口港区LNG码头、如皋港区国鼎通用码头工程、江海港区重件码头改造工程等建成或投入使用。扬州港、常州港、泰州港等码头建设工程加快推进。

### 2.2.2 长江干线港口泊位与吞吐能力

截至2010年底，长江干线共有生产用码头泊位数3890个，其中万吨级泊位数323个；码头总延长370公里。长江干线港口散货和件杂货通过能力达到13.88亿吨，集装箱通过能力1336万TEU，旅客和滚装汽车通过能力分别为1.03亿人和359万辆（其中载货汽车滚装157万辆）。2010年长江干线分省市生产用码头泊位和年综合通过能力情况见表2.2-1。

**2010年长江干线生产用码头泊位和年综合通过能力表** 表2.2-1

| | 长江干线生产用码头泊位 | | | 综合通过能力 | | | | |
|---|---|---|---|---|---|---|---|---|
| | 码头泊位数（个） | 其中：万吨级泊位 | 码头总延长（米） | 散货、件杂货（万吨） | 集装箱（万TEU） | 旅客（万人） | 重载滚装车辆（万辆） | 商品滚装车辆（万辆） |
| 总计 | 3890 | 323 | 370226 | 138763 | 1336 | 10311 | 157 | 202 |
| 云南省 | 3 | | 240 | 30 | | 50 | | |
| 四川省 | 128 | | 10780 | 2453 | 61 | 381 | | |

续上表

| | 长江干线生产用码头泊位 | | | 综合通过能力 | | | | |
|---|---|---|---|---|---|---|---|---|
| | 码头泊位数（个） | 其中:万吨级泊位 | 码头总延长（米） | 散货、件杂货（万吨） | 集装箱（万 TEU） | 旅客（万人） | 重载滚装车辆（万辆） | 商品滚装车辆（万辆） |
| 重庆市 | 977 | | 79928 | 9032 | 200 | 5807 | 63 | 76 |
| 湖北省 | 1108 | | 99479 | 19316 | 180 | 2693 | 94 | 24 |
| 湖南省 | 71 | | 6574 | 3500 | 32 | | | |
| 江西省 | 118 | | 11485 | 3589 | 35 | 320 | | |
| 安徽省 | 525 | 3 | 38247 | 26408 | 30 | 631 | | 72 |
| 江苏省 | 960 | 320 | 123493 | 74435 | 798 | 429 | | 30 |

### 2.2.3 航运中心的建设

- **重庆长江上游航运中心**

重庆继续推进长江上游航运中心建设。一方面加快水运重点项目建设,大力改善水运基础设施条件。嘉陵江草街至河口航道整治二期工程和渠江渠河嘴至丹溪口航道维护清障工程按计划进度推进,完成了乌江龚滩至彭水支持保障系统建设,实现了草街航电枢纽蓄水发电。建成主城大渡口茄子溪、主城果园一期、东港作业区一期等码头,开工建设涪陵龙头山、果园二期、丰都水天坪等港口项目,寸滩作业区三期等在建项目加快建设。重庆港集装箱年通过能力达到 150 万 TEU。全面启动长江干线船型标准化改造工作。另一方面提升重庆水运服务能力和竞争优势。重庆航运交易所于 2010 年 9 月正式挂牌运行,成为重庆建设长江上游航运中心的重要助推器。重庆航运交易所主要承担五项任务,即发展航运总部经济、做大船舶交易市场、开展航运金融和货物交易综合服务、发布航运信息和促进航运人才交流。

- **武汉长江中游航运中心**

湖北加快武汉长江中游航运中心建设。武钢工业港改扩建、阳逻集装箱码头二期工程、沌口商品汽车滚装码头、金口重件码头、80 万吨乙烯配套码头、汉江蔡甸至汉川航道整治工程等一批水运重点项目相继建成。当前正在大规模推进阳逻集装箱三期、杨泗港整体搬迁和综合开发、长江航运中心大厦和新港公共物流信息交换平台(EDI)建设。黄冈港区、鄂州港区、咸宁港区规划建设全面启动。支撑武汉长江中游航运中心的重点港航建设项目正式开工,分别是:汉川至兴隆航道整治工程、宜昌三峡全通涂镀板股份有限公司码头一期工程、宜昌太平溪新港一期工程、宜昌港主城港区古老背作业区综合码头工程、荆州港斗湖堤港区朱家湾综合码头工程。武汉新港年集装箱通过能力达到 150 万 TEU。

- **上海国际航运中心**

上海全速推动国际航运中心建设。上海国际航运中心除继续提升硬件设施外，还着重突出航运服务的“软实力”建设，并与整个长江流域的经济发展形成互动。现代航运集疏运体系继续推进。现代航运服务体系发展顺利，诞生了我国内地首批持执业证书的航运经纪人和首批航运经纪企业，船舶交易、船舶保险公估、航运运价交易、航运产业基金等各类机构相继成立；交通运输部允许无船承运业务经纪人以购买保证金责任保险方式替代缴纳保证金。洋山保税港区进口汽车常年展厅正式揭牌运作，洋山保税港区航运企业免征营业税政策进一步完善，银监会正式批准交银租赁和招银租赁在境内保税地区设立项目公司开展融资租赁业务资格，洋山保税港区已对进口保税储存的铜和铝两个品种通过上海期货交易所开展保税交割业务试点，上海出口集装箱运价指数被伦敦结算所等机构使用。积极促进和规范邮轮产业发展，建成吴淞口国际邮轮码头一期 2 个泊位，有效推进了上海港国际邮轮母港的整体发展。

### 2.2.4　港口物流园区建设

随着港口物流功能的不断完善，港口保税区、临港工业区以及自由港的发展，港口作为国际物流系统中的重要节点发展成为具有涵盖供应链物流所有环节特点的综合服务体系。国务院颁布的《物流业调整和振兴规划》进一步明确了港口物流园区在物流业中的地位，并且在很大程度上得到了政府的支持。经过多年的发展，沿江主要港口城市充分发挥其具有区位和交通优势，依托长江黄金水道，规划建设了一批港口物流园区，港口物流的服务功能日益扩大和完善。主要港口物流园区见表 2.2-2。

**主要港口物流园区**　　表 2.2-2

| 地　区 | 港　口　物　流　园　区 |
|---|---|
| 上海市 | 外高桥保税物流园区、洋山深水港物流园区 |
| 江苏省 | 南京龙潭港综合物流园区、镇江港综合物流园区、苏州港综合物流园区、江阴长江港口综合物流园区、南通港综合物流园区、泰州港综合物流园区、扬州市港口物流园 |
| 安徽省 | 安庆港物流园区、芜湖保税港区、芜湖朱家桥物流园区、裕溪口煤炭配送中心、马鞍山物流园区 |
| 江西省 | 九江城西港物流园区、南昌保税物流中心（B 型）、赣州综合物流园区 |
| 湖北省 | 宜昌三峡物流中心、枝城港煤炭物流园区、荆州李埠综合物流园区、武汉新港阳逻保税园区、武汉阳逻物流园区、鄂州超凡物流园区、黄石棋盘洲港口物流园区 |
| 湖南省 | 湖南金霞现代物流园、湘潭九华物流园区、岳阳城陵矶港物流园区 |
| 重庆市 | 两路寸滩保税港区、涪陵龙头山港口物流园区、万州新田港口物流园区、江津区港口物流园区（金刚港口物流园区和仁沱港口物流园区） |
| 四川省 | 宜宾临港物流园区、泸州临港物流园区 |

2010 年,主要港口物流园区建设情况如下:

四川宜宾临港经济开发区正抓紧规划建设临港物流园区,象鼻、江安、罗龙、巡场等物流中心的项目引进和启动也在加速推进中。泸州临港物流园区完成了园区概念性规划,一期工程启动,二期工程招商工作稳步推进。

重庆两路寸滩保税港区封关运行,配套物流总部基地项目正式落户港城工业园区。涪陵龙头山、万州新田港口物流园区开工建设,江津港区港口物流园区加快推进。

湖南金霞现代物流园被评为"中国物流示范基地",城陵矶临港产业新区物流园列入湖南省重点物流园区。依托湘潭河西中心港区的九华物流园区建设启动顺利。

宜昌市发布《三峡现代物流中心发展规划》,太平溪物流园区建设全面启动,云池物流园区建设部分启动。宜昌港枝城港区煤炭物流园区、荆州李埠综合物流园区、阳逻物流园区、棋盘洲港口物流园区建设项目加快推进。武汉东西湖保税物流中心运行良好,阳逻保税园区项目启动。

上港物流九江城西港物流园区运行良好,南昌保税物流中心(B 型)封关运行,赣州综合物流园区开工建设。

安庆市港口物流园区、池州江口港口物流园、芜湖裕溪口物流园区(煤中转及分拨)、芜湖港物流中心(芜湖港集装箱中转及集散)、马鞍山物流园等皖江港口物流园区建设步伐加快,芜湖申报设立国家保税港区工作全面展开。

江苏加快发展港口物流,依托太仓、南京、江阴等保税物流中心和张家港保税港区,积极推进临港物流园区和港航信息化物流系统建设,打造苏州、南京港口物流枢纽基地,太仓港还加快在重要箱源基地布局"无水港"。

## 2.3　支持保障系统建设

### 2.3.1　干线支持保障系统

"十一五"期间,长江干线航运支持保障系统建设力度明显加强,长江水上通航安全保障、应急快速反应和治安防控能力显著增强。据初步统计,"十一五"期间长江航务管理局系统完成支持保障系统基本建设投资 45 亿元,其中,基础设施投资 28 亿元、船艇装备建设 15.5 亿元。长江航道共实施航道生产、助航设施建设项目 31 项,航道维护船舶 24 项;水上信息高速通道实现全线贯通,初步构建了干线 AIS,重点港区、桥区 VTS,重点水域 CCTV,重点船舶 GPS 和常规海巡艇互为补充的现代水上安全监管和救助一体化系统框架;公安刑侦治安力量、水陆域机动和应急反应能力显著增强。三峡河段依托调度系统工程和监管系统工程,实现了船舶过坝远程 GPS 申报,将 24 小时过闸计划缩短为 4 小时。

2010 年,长江航务管理局系统完成支持保障系统建设投资 9 亿元,其中基础设施 6.5 亿元,船艇装备建设 2.5 亿元。航道基础设施完成投资 2.4 亿元,泸州、丰都、武汉、如皋等一批综合码头工程，芜湖至安庆、丰都至涪陵段航路改革航道配套建设工程等航道基础设施项目建成，测量设施二期工程基本建成，开展了长江电子航道图试运行工作和长江航道科研实验新基地的建设；航道维护船舶建造2.42亿元，“长鲸6号”13280立方米自航耙吸挖泥船、300立方米首冲式自航耙、8立方米抓斗、40米铺排船以及“航道1号”综合测量及战枯水指挥船、大型航标船等40余艘船舶完成建造并投入使用。长江海事局全年完成固定资产总投资2.9亿元，以监管设施、救助基地、通信保障为重点，完成了武汉、黄石VTS等26个项目前期工作，开工建设了武汉监管救助综合基地等10个工程，完成了40米趸船一、二期，九江大桥站，万渝通信等18个项目竣工、交工验收。三峡通航管理局完成基本建设投资0.6亿元，启动建设三峡通航检测维修设施工程。长江航运公安局完成基本建设投资1.2亿元，以改善基层分局和派出所工作条件为重点，建成涪陵、泸州等12个趸所合一派出所，芜湖分局业务用房、重庆警备码头主体完工，开工建造宜昌、宜宾等10处派出所趸船设施。

江苏海事局基础建设及装备建设全面推进，重点建成南通和南京监管救助综合基地、南京和连云港船员无纸化考场、包括36个实时气象自动采集站的海事气象系统，打造出以“海巡089”为领衔的22艘执法船艇。

### 2.3.2 支流支持保障系统

2010年，长江沿江省市水上支持保障系统建设逐步加快。贵州省赤水河航运工程安全监管视频监控系统通过验收，乌江万足至龚滩航段航道支持保障系统工程加快建设。四川省嘉陵江航运配套工程支持保障系统、重庆市嘉陵江草街至河口航道整治工程支持保障系统建设项目加快推进。湖北省船舶、船员、渡口等信息系统投入使用，梁子湖、徐家河、沲水、黄龙等重点水域建成了视频监控系统。湖南省建设船舶GPS监控系统，完成船舶“一卡通”工程，筹建应急救援基地。江西省建成省水上搜救中心和鄱阳湖分中心，建成柘林湖水上GPS和GIS系统，赣江（樟树—湖口）船岸VHF系统加快推进。安徽省初步建成基于VHF、VTS、AIS和CCTV技术的省、市两级水上交通安全应急指挥系统。江苏省南京海事局网格动态监管模式开始试运行，镇江海事局CCTV系统顺利通过交工验收并投入使用，太仓海事局通过“全球眼”等方式实现了对辖区到港船舶远程实时监控。上海市“海事基地智能化系统工程”通过竣工验收，开展了黄浦江世博航标改造三期工程。

## 2.4 建设投资与市场

### 2.4.1 沿江省市水路建设投资情况

“十一五”期间，我国内河水运在建设规模、基础设施条件等方面发展迅速，内河水运建设投资达到1000亿元，新增及改善内河航道4181公里，初步形成了国家高等级航道网络，全国有54%的高等级航道达到规划等级，在长江干线、西江航运干线和京杭运河等沿线相继建成了一批规模化、专业化港区;沿海港口建设投资超过 3500 亿元,5 年建成深水泊位 661 个,新增通过能力 30 亿吨,基本建成煤、油、矿、箱、粮五大专业化运输系统。尽管内河水运建设投资比重相对于公路、铁路较小,但投资的规模和力度逐步加大,有效推动了水运基础设施建设。

根据交通运输部的统计数据,2010 年 1 ~ 11 月沿江七省二市沿海及内河建设投资累计完成 305.2 亿元,与去年同期比增长 10.9%,占全国水路固定资产投资的 30.6%。其中,内河建设投资完成 224.6 亿元,同比增长 12.8%,占全国内河建设投资的 80.0%。从投资的区域结构来看,江苏、湖北、重庆、四川和上海等省市的内河建设投资规模较大。

**2010 年 1 ~ 11 月分省市水路固定资产投资完成情况**(单位:万元) 表 2.4-1

| | 总 计 | 内 河 建 设 | 沿 海 建 设 |
|---|---|---|---|
| 全国 | 9,989,061 | 2,809,342 | 7,179,719 |
| 其中 | | | |
| 上海 | 591,564 | 150,453 | 441,111 |
| 江苏 | 1,185,376 | 819,723 | 365,653 |
| 安徽 | 189,336 | 189,336 | |
| 江西 | 29,816 | 29,816 | |
| 湖北 | 432,492 | 432,492 | |
| 湖南 | 105,926 | 105,926 | |
| 重庆 | 310,525 | 310,525 | |
| 四川 | 191,687 | 191,687 | |
| 云南 | 15,702 | 15,702 | |
| 小计 | 3,052,424 | 2,245,660 | 806,764 |

资料来源:交通运输部。

### 2.4.2 建设市场

- **水运建设市场管理**

(1)加强建设市场管理。加大公开招标力度,广泛引入竞争机制,加强招标投标、工程分包、设计变更、设备材料采购等重点环节的监管。重点围绕工程项目决策和基本建设程序、招标投标、工程质量和安全、大宗物资采购和资金安排、工程监管和廉政等五个环节,不断推进水运工程建设领域突出问题专项治理工作。

(2)工程质量逐步提高,施工安全形势总体稳定。长江航务管理局系统以工程质量安全督查和建设工程"平安工地"创建活动为抓手,以航道整治工程、新增国家预算内投资项目建设为重点,进一步强化支持保障系统工程质量监督和施工安全监管,全年开展多次质量与安全专项督查，专题召开长江航道整治工程质量分析会，深入研究并不断推进航道整治工程小型预制块质量通病治理，促进了工程质量的逐步提高和施工安全形势总体稳定，未发生等级以上的质量安全事故。针对夏季高温、汛期、台风频发重点时段，突出开展了“百日工程安全生产、文明施工活动”。建立并逐步完善安全信息（QQ 群）平台。

- **基本建设经营性基金贷款问题得到解决**

从 1995 年开始，原国家计委、财政部开展了将中央级“拨改贷”资金、基本建设经营性基金和“特种拨改贷”资金（统称为“中央财政委托贷款”）转为国家资本金的工作。但长江航务管理局仍有少量项目使用的中央财政委托贷款没有转为国家资本金。为尽快解决中央财政委托贷款的历史遗留问题，2010 年交通运输部根据国家发展改革委员会、财政部对中央财政委托贷款提出的具体处理意见，下达了《关于将中央财政委托贷款转为中央财政拨款的通知》，明确了长江航务管理局使用的中央财政委托贷款本息余额 90134 万元转为中央财政拨款。至此，长达十几年的经营性基金贷款问题得到较好的解决，较大程度上解决了港口企业资本金不足的问题。

# 第3章 长江航运生产状况

## 3.1 沿江省市船舶运输

### 3.1.1 运输船舶现状

截至2010年，沿江七省二市拥有各类机动船舶9.92万艘，驳船1.55万艘，运输船舶数总计11.47万艘，载客量52.08万客位，净载重量9560.66万吨，集装箱箱位102.67万TEU，总功率3083.42万千瓦。其中，拥有各类内河机动船9.64万艘，驳船1.55万艘，内河运输船舶总计11.19万艘，载客量51.86万客位，净载重量5323.67万吨，集装箱箱位7.36万TEU，总功率1697.05万千瓦。此外，河南省拥有从事长江干线省际运输的船舶5043艘，净载重量360.5万吨，总功率117.6万千瓦。

**2010年沿江七省二市水路运输工具拥有量及其增长情况** 表3.1-1

| | 类别 | 船舶数（艘） | 其中 机动船（艘） | 其中 驳船（艘） | 载客量（客位） | 净载重量（吨） | 标准箱位（TEU） | 总功率（千瓦） |
|---|---|---|---|---|---|---|---|---|
| 绝对数 | 合计 | 114714 | 99207 | 15507 | 520840 | 95606568 | 1026658 | 30834224 |
| | 内河 | 111877 | 96382 | 15495 | 518642 | 53236675 | 73585 | 16970451 |
| | 沿海 | 2347 | 2335 | 12 | 1342 | 17564520 | 53112 | 4297802 |
| | 远洋 | 490 | 490 | | 856 | 24805373 | 899961 | 9565971 |
| 增长率 | 合计 | 5.0% | 10.3% | -19.7% | 1.7% | 30.2% | 8.8% | 16.6% |
| | 内河 | 4.7% | 10.1% | -19.7% | 2.0% | 31.3% | 19.7% | 20.7% |
| | 沿海 | 20.0% | 20.1% | 0.0% | -20.2% | 39.9% | 65.1% | 20.9% |
| | 远洋 | 8.9% | 8.9% | — | -53.8% | 21.9% | 5.9% | 8.5% |

“十一五”期间，机动驳发展较快，机动船占运输船舶总数的比例由2005年的79.5%上升到2010年的86.5%，货运驳船队占船舶运力的比例逐年下降。与2005年比，2010年运输船舶总数减少9032艘，其中驳船减少9872艘，机动船增加840艘。随着水路运输结构的调整，标准化、专业化和大型化趋势明显，虽然运输船舶总数有所减少，但船舶净载重量、标准箱位得到快速发展，船舶净载重量增加4334.9万吨，集装箱箱位增加35.8万TEU。

从平均吨位的变化来看，2005年至2010年期间运输船舶平均吨位提高了97.4%，年均增长14.6%，船舶平均吨位由422载重吨/艘增长到833载重吨/艘。

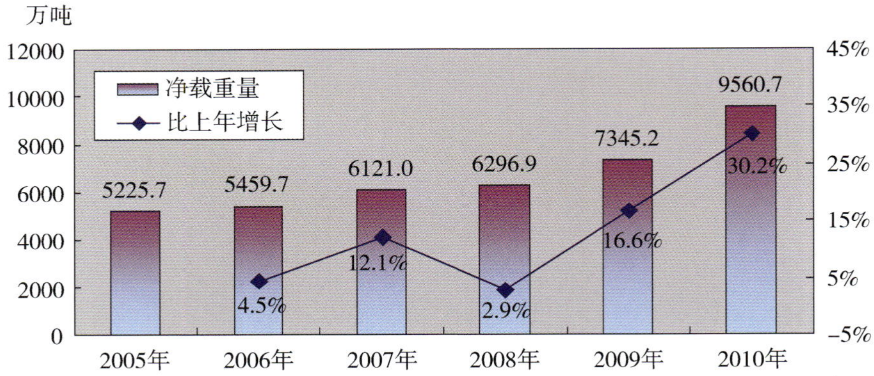


**图 3.1-1 "十一五"期沿江七省二市运输船舶净载重量及其增长情况**

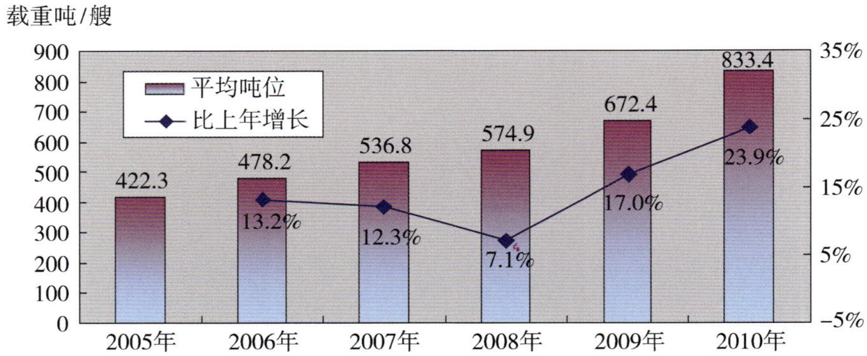


**图 3.1-2 "十一五"期沿江七省二市运输船舶平均吨位及其增长情况**

- **客运船舶**

2010 年，沿江省市拥有客(客货)运船舶(不含客运驳船)10728 艘，同比增长 2.1%；载客量 52.05 万客位，同比增长 1.7%。其中，内河客运船舶 10717 艘、载客量 51.83 万客位，同比分别增长 2.1% 和 2.0%。

**2010 年沿江七省二市内河客运船舶拥有量及其增长情况** 表 3.1-2

| 地　区 | 2010 年 | | 比上年增长 | |
|---|---|---|---|---|
| | 艘数(艘) | 载客量(客位) | 艘数 | 载客量 |
| 总计 | 10717 | 518289 | 2.1% | 2.0% |
| 云南省 | 698 | 16704 | 2.5% | 1.1% |
| 四川省 | 3267 | 109538 | -4.9% | -6.7% |
| 重庆市 | 1429 | 117985 | 8.8% | -2.6% |
| 湖北省 | 684 | 36815 | 5.4% | 4.4% |
| 湖南省 | 3247 | 93674 | 9.8% | 8.1% |
| 江西省 | 357 | 11811 | -20.7% | -13.7% |
| 安徽省 | 538 | 15666 | 11.2% | 9.9% |
| 江苏省 | 309 | 28511 | -15.6% | -11.1% |
| 上海市 | 188 | 87585 | 15.3% | 23.3% |

从各省省内河客运船舶的变化情况看，江西、江苏、四川三省内河客运运力减少趋势明显，载客量分别减少6.7%、13.7%、11.1%；上海、安徽、湖南、湖北四省市内河运力有所增加，载客量分别增加23.3%、9.9%、8.1%、4.4%。

- **货运船舶**

2010年，沿江省市拥有货运船舶10.18万艘，同比增加5.9%；净载重量9544.5万吨，同比增加30.2%。其中，内河货运船舶净载重量5309.0万吨，同比增加31.4%。

**2010年沿江七省二市货运船舶净载重量及其增长情况** 表3.1-3

| | 2010年 | | 比上年增长 | |
|---|---|---|---|---|
| | 净载重量(万吨) | 其中:内河 | 净载重量 | 其中:内河 |
| 总计 | 9544.5 | 5309.0 | 30.2% | 31.4% |
| 云南省 | 6.0 | 6.0 | 4.7% | 4.7% |
| 四川省 | 79.2 | 79.2 | 36.0% | 36.0% |
| 重庆市 | 420.0 | 415.4 | 16.6% | 17.5% |
| 湖北省 | 680.2 | 436.7 | 24.2% | 10.5% |
| 湖南省 | 243.0 | 243.0 | 40.6% | 40.6% |
| 江西省 | 195.8 | 180.1 | 19.0% | 22.0% |
| 安徽省 | 2075.5 | 1966.0 | 29.8% | 30.6% |
| 江苏省 | 2880.2 | 1926.3 | 42.5% | 42.5% |
| 上海市 | 2964.8 | 56.4 | 23.6% | 12.8% |

从各省市的运力情况看，安徽、江苏两省市运力占沿江省市总量的73.3%，上、中游地区运力重庆市、湖北省所占比例较大。江苏省、湖南省、四川省和安徽省运力规模呈现迅猛发展的势头，船舶净载重量增速分别达到42.5%、40.6%、36.0%、30.6%。

从平均吨位的变化来看，货运船舶的平均吨位2010年达到937.7载重吨/艘，同比增加23.0%；其中内河货船平均吨位536.3载重吨/艘，同比增加24.4%。重庆市、湖北省船舶平均吨位超过1000吨，分别达到1432吨、1115吨。

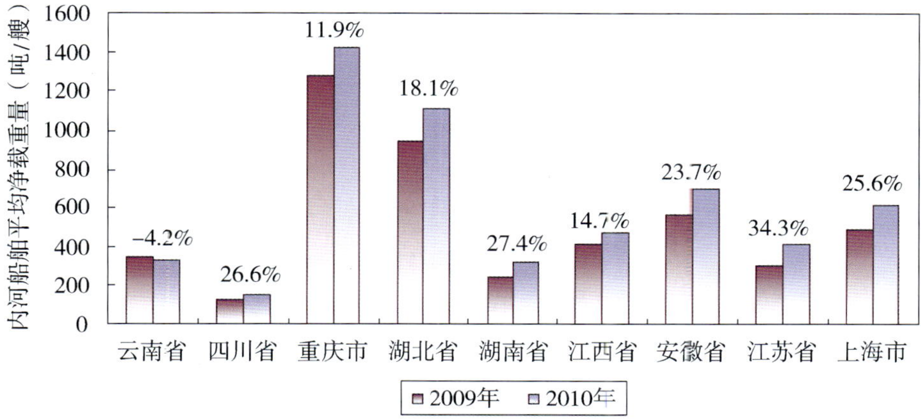


**图3.1-3 2009~2010年沿江七省二市内河货运船舶平均净载重量变化态势**

长江干线船舶大型化趋势进一步增强，货运船舶平均吨位达到880载重吨/艘，货运船舶逐步向专用船舶、江海直达、载量增大、节能环保、大型化、变吃水方向发展。

### 3.1.2　水路旅客运输量

根据沿江七省二市交通部门提供的注册船舶完成的水路运输量统计资料，2010年沿江省市完成水路旅客运输量7505.1万人，同比减少8.0%，旅客周转量26.29亿人公里，同比增长2.6%；平均运距35.0公里，比上年提高10.6%。从各省市的增长情况看，湖南、安徽、云南、重庆、湖北等省市旅客运输量保持增长态势，江西、江苏和四川等省旅客运输量呈下降态势。

**2010沿江省市内河旅客运输量及其增长情况**　　表3.1-4

| | 2010年 | | 比上年增长 | |
|---|---|---|---|---|
| | 客运量（万人） | 周转量（亿人公里） | 客运量 | 周转量 |
| 总计 | 6904 | 19.90 | 2.6% | 6.0% |
| 云南省 | 731 | 1.78 | 11.1% | 14.5% |
| 四川省 | 2732 | 2.31 | -3.4% | 3.1% |
| 重庆市 | 1277 | 10.21 | 4.2% | -1.4% |
| 湖北省 | 382 | 2.79 | 3.0% | 11.9% |
| 湖南省 | 919 | 1.68 | 23.1% | 65.9% |
| 江西省 | 231 | 0.32 | -9.8% | -19.9% |
| 安徽省 | 139 | 0.27 | 21.9% | 21.8% |
| 江苏省 | 493 | 0.55 | -6.5% | 7.7% |

“十一五”期间，水路旅客运输总体呈现先升后降的趋势，其主要原因：一是2008年开始轮渡客运不作为客运量来统计，下降约14%；二是在沿江高速公路和铁路客运专线快速发展的影响下客源不断分流。

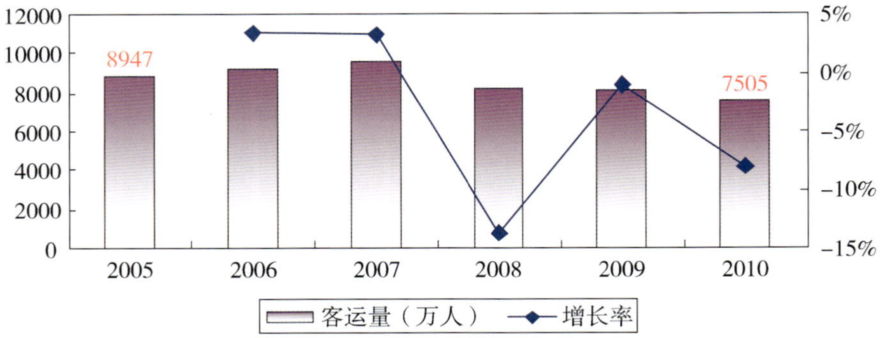


**图3.1-4　“十一五”期沿江省市水路旅客运输量及其增长情况**

2010年，沿江省市完成内河旅客运输量6904.1万人、旅客周转量19.90亿人公里，同比分别增长2.6%和6.0%。内河客运市场主要集中在上游地区和中下游地区的库区、湖区，长江干线旅客运输主要集中在重庆至宜昌段长江三峡库区。

### 3.1.3　水路货物运输量

根据沿江七省二市交通部门提供的注册船舶完成的水路运输量统计资料，2010年沿江省市完成水路货物运输量18.0亿吨、货物周转量2676.2亿吨公里，同比分别增长20.2%和28.7%；平均运距1485.7公里，比上年提高7.1%。从各省市的增长情况看，七省二市水路货物运输量均保持了两位数的增长，但上海市内河货物运输量呈下降态势；中、上游省市增长速度快于下游省市，其中湖南、四川、重庆、江西、湖北等省市增速超过20%。下游地区安徽、江苏和上海三省市水路货物运输量和内河货运量占沿江七省二市的比重分别为70.2%和59.2%，但均较上年下降2个百分点。

**2010年沿江省市水路货物运输量及其增长情况**　　表3.1-5

| | 2010年 | | 比上年增长 | |
|---|---|---|---|---|
| | 货运量(万吨) | 其中:内河 | 货运量 | 其中:内河 |
| 合计 | 180134 | 114652 | 20.1% | 20.9% |
| 云南省 | 402 | 402 | 16.5% | 16.5% |
| 四川省 | 5237 | 5237 | 27.0% | 27.0% |
| 重庆市 | 9660 | 9422 | 24.3% | 24.5% |
| 湖北省 | 16153 | 9916 | 21.4% | 22.3% |
| 湖南省 | 15725 | 15725 | 33.6% | 33.5% |
| 江西省 | 6493 | 6081 | 23.6% | 24.2% |
| 安徽省 | 32355 | 30376 | 18.3% | 17.3% |
| 江苏省 | 48702 | 35714 | 15.9% | 18.2% |
| 上海市 | 45407 | 1779 | 19.5% | -7.6% |

“十一五”期间，除2009年受金融危机影响增速有所回落外，水路货物运输呈现快速增长态势，年均增长13.9%。

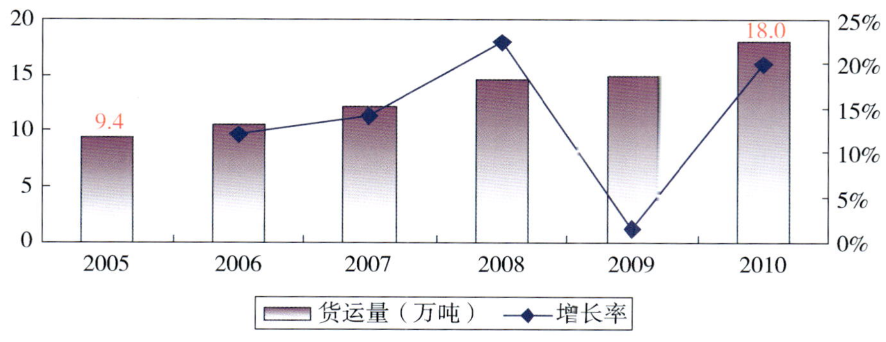


**图3.1-5　“十一五”期沿江省市水路货物运输量及其增长情况**

从重要物资的运输情况来看，矿建材料、煤炭、金属矿石、石油天然气及制品仍然为排名前四位的货物，分别占总量的28.4%、16.2%、9.9%、9.2%，合计占63.7%。非金属矿石、金属矿石、钢铁、石油天然气及制品、矿建材料等货物运输量的增速均超过两位数，其中非金属矿石完成运输量同比增长51.2%，金属矿石同比增长33.8%，钢铁同比增长25.3%，石油天然气及制品同比增长24.0%，矿建材料同比增长21.2%。

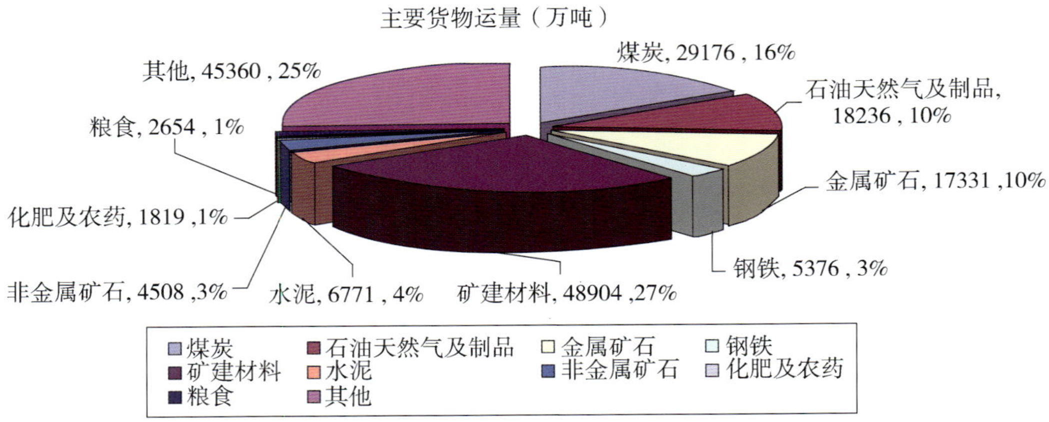


**图3.1-6　2010年沿江省市水路货物运输量构成**

## 3.2　沿江省市港口运行

### 3.2.1　港口旅客吞吐量

2010年，沿江七省二市港口完成旅客吞吐量5943.6万人，同比下降5.6%，“十一五”期年均下降10.4%。其中，内河港口旅客吞吐量5762.1万人，同比下降5.7%，“十一五”期年均下降8.6%。港口旅客运输服务主要集中在四川省和重庆市，2010年两省市港口旅客吞吐量占总量的比重达到52.6%。

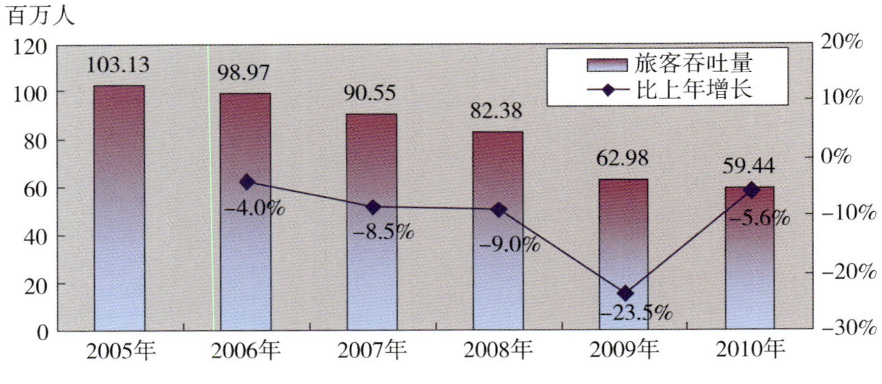


**图3.2-1　“十一五”期间沿江省市港口旅客吞吐量及其增长速度**

### 3.2.2　港口货物吞吐量

2010 年，沿江七省二市完成港口货物吞吐量 33.25 亿吨，同比增长 18.3%，“十一五”期年均增长 11.9%。其中，外贸货物吞吐量 5.58 亿吨，集装箱吞吐量 4242.8 万 TEU，同比分别增长 16.9% 和 19.3%，“十一五”期年均增长 12.8% 和 14.1%。

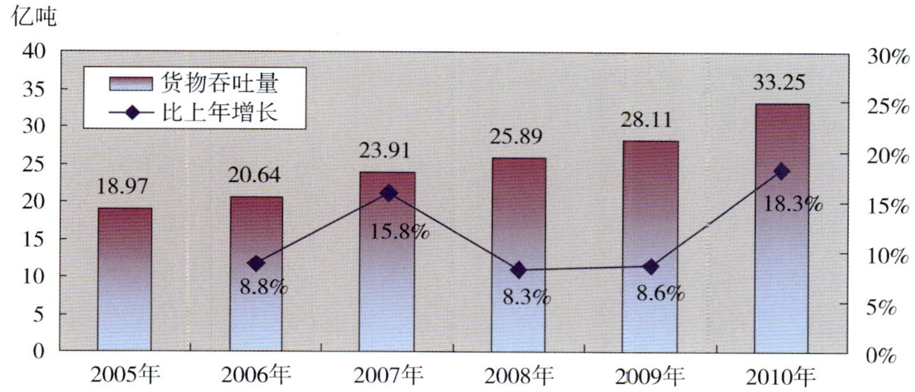


图 3.2-2　“十一五”期间沿江省市港口货物吞吐量及其增长速度

### 3.2.3　内河港口吞吐情况

2010 年，沿江七省二市内河港口完成货物吞吐量 26.18 亿吨，同比增长 19.0%，“十一五”期年均增长 13.5%。其中，外贸货物吞吐量 1.77 亿吨，同比增长 15.6%；集装箱吞吐量 945.1 万 TEU，同比增长 25.5%；滚装汽车吞吐量 111.7 万辆，同比下降 4.8%。

**2010 年沿江省市内河港口货物吞吐量完成情况**　　表 3.2-1

| | 2010 年 | | 比上年增长 | |
|---|---|---|---|---|
| | 货物吞吐量（万吨） | 集装箱吞吐量（万 TEU） | 货物吞吐量 | 集装箱吞吐量 |
| 合计 | 261769.6 | 945.1 | 19.0% | 25.5% |
| 云南省 | 419.4 | | 23.2% | — |
| 四川省 | 6388.3 | 7.0 | 25.3% | 15.5% |
| 重庆市 | 9668.4 | 56.5 | 12.3% | 9.1% |
| 湖北省 | 18782.7 | 77.5 | 12.7% | 14.2% |
| 湖南省 | 19254.2 | 20.9 | 13.7% | 10.7% |
| 江西省 | 21130.6 | 17.2 | 40.8% | 13.9% |
| 安徽省 | 32502.3 | 22.2 | 22.9% | 11.5% |
| 江苏省 | 144604.2 | 743.9 | 19.4% | 29.7% |
| 上海市 | 9019.5 | | -7.4% | — |

注：内河港口包括江苏省沿江港口。

从各省市增长情况看，除上海市内河港口货物吞吐量出现一定程度下降外，其他省市内河港口货物吞吐量均达到二位数的增长，其中江西省港口货物吞吐量增长幅度达到40%以上。

从分货类吞吐量完成情况来看，大宗货物运输和集装箱运输继续保持良好势头。干散货完成吞吐量19.29亿吨，同比增长19.2%。其中，煤炭及制品4.64亿吨，同比增长26.3%，金属矿石3.65亿吨，同比增长32.5%，散装水泥6775.7万吨，同比增长35.1%。液体散货完成吞吐量1.45亿吨，同比增长12.6%。其中，原油2565.3万吨，同比下降3.5%；成品油4489.3万吨，同比增长14.3%；液化天然气及制品227.4万吨，同比下降49.6%。件杂货完成吞吐量4.04亿吨，同比增长24.1%。其中，木材2216.0万吨，同比增长48.6%；粮食3151.1万吨，同比增长60.2%。集装箱运输继续快速增长，内河港口完成集装箱吞吐量945.1万TEU，同比增长25.5%。干散货、液体散货、件杂货和集装箱在港口货物吞吐量中所占比重分别为73.7%、5.5%、15.4%和5.4%。

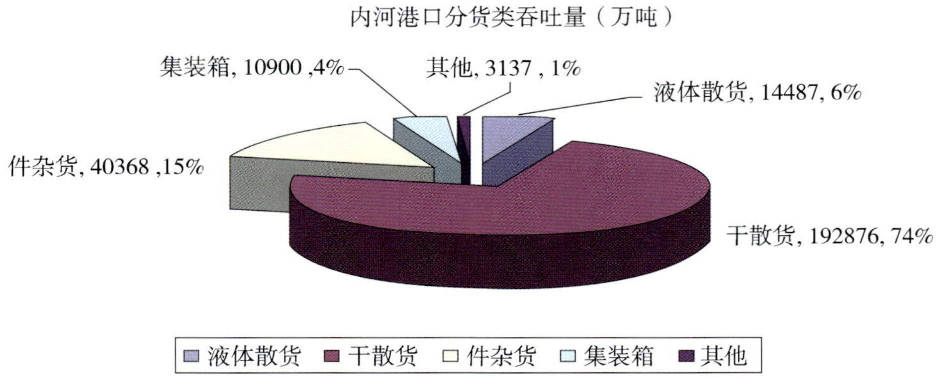


**图3.2-3　2010年沿江省市内河港口货物吞吐量构成**

## 3.3　长江干线运输生产

### 3.3.1　长江航运市场行情

- **长江航运状况**

2010年，长江航运保持了平稳增长的态势，反映长江航运企业综合经营状况的长江航运景气指数和宏观经济的长江航运信心指数总体走势平稳向上，两指数全年均运行在景气区间，呈现“前高后稳”的运行态势。一至四季度，长江航运景气指数分别为104.67、120.70、113.79和113.65；长江航运信心指数分别为117.66、120.73、113.15和111.43。

长江航运客运景气指数一至四季度分别为112.30、83.98、96.74和69.19，在春运等因素影响下，一季度快速回升，二季度起再次回落到不景气区间，特别是四季度受宜万铁路、沪渝高速公路相继开通分流的影响，客运景气指数大幅下滑。

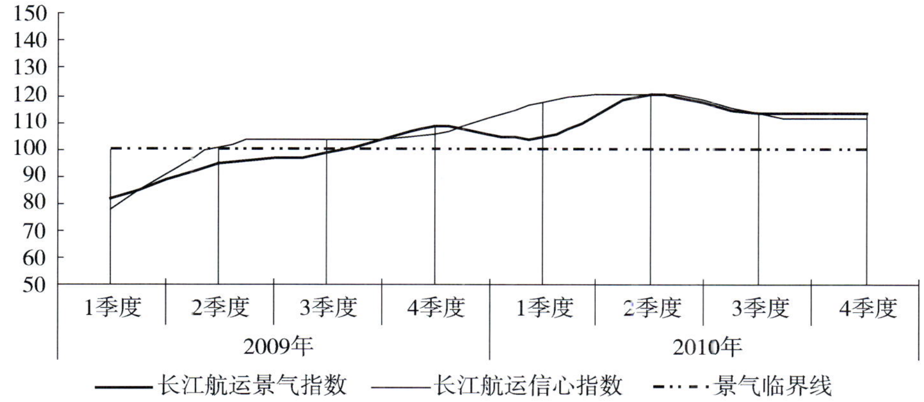


**图 3.3-1 2009～2010 年长江航运景气指数和信心指数变化图**

长江航运货运景气指数一至四季度分别为 97.86、124.61、108.66 和 111.65。一季度，各货类景气指数均在临界区波动，货运景气指数回落到不景气区。港航企业经济运行质量较差，港口企业和航运企业景气指数分别为 108.73、101.12。二季度，除载货汽车滚装运输仍不景气外，其他货类景气指数均回到景气区间。港航企业大部分经济指标显著改善，但营业成本仍不乐观，港口企业和航运企业景气指数分别为 133.60、109.39。三季度，长江货运景气指数呈快速回落态势，但仍处于景气区间。港航企业经济运行回升力度有所减弱，高油价给航运企业带来较大市场压力，但港口企业生产经营状况良好，港口企业和航运企业景气指数分别为 125.26、103.72。四季度，长江货运景气指数呈缓慢回升态势。港口企业除营运成本继续上升外，各项指标继续转好，港口企业景气指数恢复上升到 133.48，处于较强景气区间；航运企业受营运成本、贷款负债等指标恶化影响，景气指数下滑到 96.26，进入不景气区间。

- **长江航运市场运价情况**

2010 年，长江航运大宗货物运输市场竞争激烈，干散货运价基本处在低位徘徊，集装箱运输上半年运价一路回落，下半年运价逐步回升。

(1) 干散货航运市场运价情况

2010 年，长江干散货综合运价指数相对平稳，年均值 815 点，最高值 851.15 点，最低值为 792.96 点。矿建材料、非金属矿石、煤炭和金属矿石等主要货种运输市场综合运价指数年均值分别为 1278、1004、793 和 764。矿建材料震荡上升，非金属矿石平稳回升，煤炭波动起伏较大，金属矿石缓缓下行。

(2) 集装箱航运市场运价情况

2010 年，长江集装箱综合运价指数总体呈 V 字形走势，年均值 950 点，最高值 975.4 点，最低值为 933.4 点。上游地区运价指数明显高于中下游地区，上中下游运价指数年平均值分别分 1005.4、911.6 和 914.1。从运行特点来看，上游地区呈现上半年一路下滑，下半年缓慢上升的态势；中下游地区行情相对平稳。

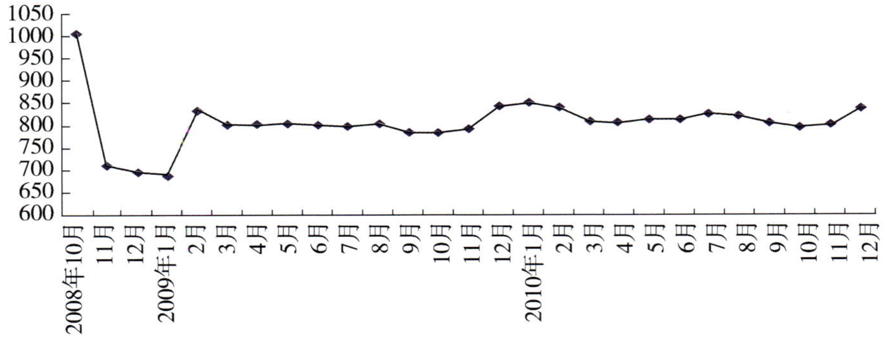


图 3.3-2　长江干散货综合运价指数走势图

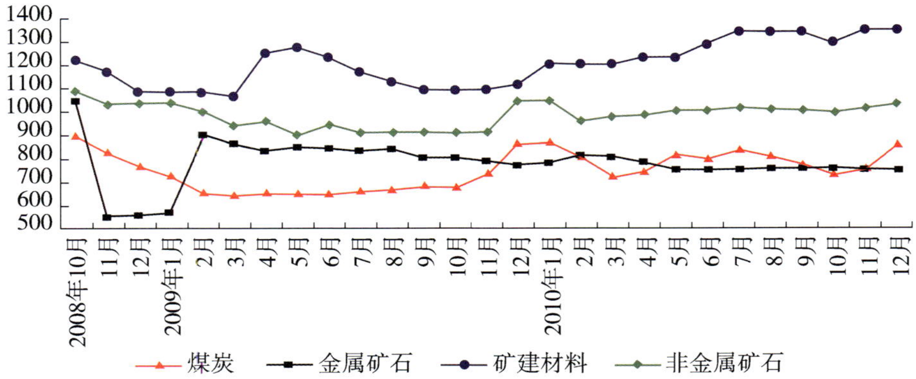


图 3.3-3　长江干散货分货种运价指数走势图

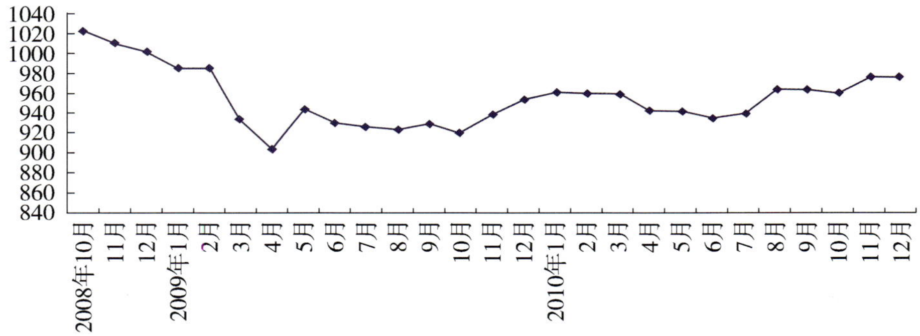


图 3.3-4　长江集装箱综合运价指数走势图

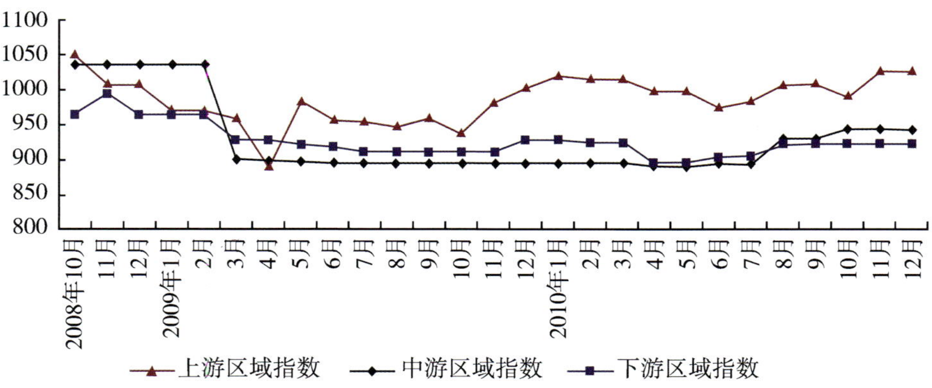


图 3.3-5　长江集装箱分区域运价指数走势图

### 3.3.2 长江干线货物通过量

长江干线货物通过量，指长江干线水富至长江口航段内实际通过的货物运输量之和，包括航段内部的货运量、江海和干支进出的货运量、支干支穿越的货运量。

2010年，长江干线货物通过量达到15.02亿吨，同比增长12.9%，“十一五”期间年均增长13.6%。其中，江海运输量达到8.87亿吨，同比增长11.6%；干线到干线完成运输量2.96亿吨，同比增长14.7%；干支运输量3.19亿吨，同比增长16.0%。

从主要货种的完成情况看，煤炭、金属矿石、矿建材料和石油及其制品等大宗货物通过量占占总量的57.4%。其中，完成煤炭运输量3.53亿吨，同比增长19.3%；金属矿石2.34亿吨，同比增长12.5%；矿建材料2.08亿吨，同比增长11.8%；石油及其制品6700万吨，同比增长11.3%。

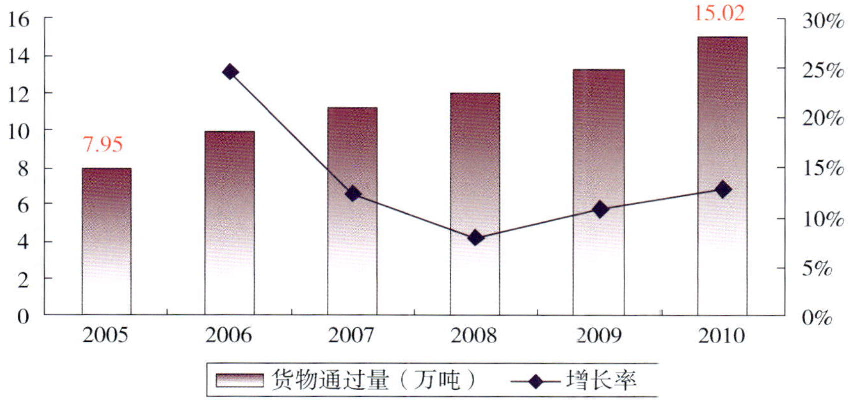


图3.3-6 “十一五”期长江干线货物通过量

长江干线船舶流量总体呈上升态势，2010年长江海事局辖区不同断面船舶分月日均流量如表3.3-1所示。其中：一般货船占86%，客船占6.1%，进江海轮占3.6%，危险品船占3.5%。长江江苏段日断面船舶流量突破3000艘次，进出长江江苏段各港口的船舶达到200万艘次，船载货物运输量近10亿吨。

**2010年长江海事局辖区主要断面日交通流量统计**（单位：艘次） 表3.3-1

| | 1月 | 2月 | 3月 | 4月 | 5月 | 6月 | 7月 | 8月 | 9月 | 10月 | 11月 | 12月 |
|---|---|---|---|---|---|---|---|---|---|---|---|---|
| 江津 | 151 | 160 | 189 | 198 | 201 | 203 | 198 | 209 | 202 | 173 | 171 | 175 |
| 朝天门 | 228 | 180 | 246 | 239 | 231 | 238 | 262 | 248 | 276 | 262 | 248 | 228 |
| 万州 | 189 | 101 | 275 | 278 | 266 | 287 | 271 | 257 | 258 | 265 | 270 | 255 |
| 巫山 | 301 | 288 | 275 | 239 | 269 | 265 | 193 | 270 | 159 | 229 | 282 | 287 |
| 三峡大坝 | 428 | 382 | 376 | 431 | 397 | 407 | 440 | 421 | 429 | 407 | 449 | 655 |
| 枝城 | 276 | 246 | 224 | 227 | 214 | 208 | 228 | 228 | 223 | 225 | 221 | 231 |

续上表

| | 1月 | 2月 | 3月 | 4月 | 5月 | 6月 | 7月 | 8月 | 9月 | 10月 | 11月 | 12月 |
|---|---|---|---|---|---|---|---|---|---|---|---|---|
| 荆州 | 241 | 225 | 219 | 198 | 228 | 212 | 131 | 190 | 167 | 223 | 197 | 189 |
| 城陵矶 | 308 | 261 | 416 | 291 | 296 | 303 | 301 | 371 | 314 | 333 | 311 | 324 |
| 武汉大桥 | 417 | 318 | 403 | 423 | 474 | 424 | 361 | 394 | 393 | 391 | 467 | 442 |
| 阳逻大桥 | 432 | 305 | 308 | 408 | 396 | 303 | 384 | 432 | 367 | 285 | 362 | 359 |
| 黄石大桥 | 369 | 335 | 438 | 449 | 468 | 442 | 468 | 495 | 486 | 436 | 420 | 436 |
| 九江大桥 | 504 | 447 | 580 | 472 | 495 | 557 | 547 | 516 | 495 | 541 | 476 | 526 |
| 九江湖口 | 682 | 604 | 638 | 725 | 669 | 709 | 684 | 729 | 733 | 614 | 720 | 586 |
| 安庆大桥 | 551 | 555 | 858 | 1062 | 1088 | 1076 | 916 | 935 | 1046 | 1096 | 1178 | 956 |
| 铜陵大桥 | 1089 | 996 | 1015 | 1116 | 1364 | 1094 | 1080 | 1070 | 1192 | 856 | 1118 | 812 |
| 芜湖大桥 | 1778 | 1487 | 1499 | 1764 | 1880 | 1818 | 1918 | 1830 | 1803 | 1973 | 1965 | 2021 |

### 3.3.3 三峡过坝运输情况

2010年，三峡水库首次蓄水至175米水位后，库区通航水深4.5米的航道达548公里，平均宽100米以上，5000吨级单船和万吨级船队可从坝前直达重庆。“十一五”期三峡断面货物通过量年均增长14.9%，三峡船闸货物通过量年均增长19.1%。

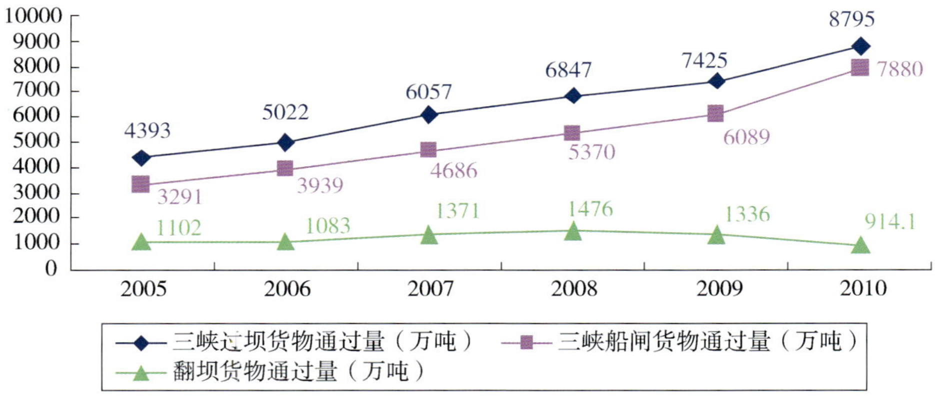


**图3.3-7 “十一五”期三峡断面货物通过量发展态势**

2010年，通过三峡断面货运量达到8794.5万吨，同比增长18.4%。其中：通过三峡船闸货船定额载量1.13亿吨，货物实际通过量7880.4万吨，创历史新高，同比分别增长38.0%和29.4%；客船定额162.6万人次，旅客实际通过量50.7万人次，同比分别下降32.6%、31.4%；滚装翻坝船舶5952艘次，转运滚装车辆26.1万车次，同比分别下降36.8%、31.6%。

三峡过坝运输主要指标(2009~2010 年) 表 3.3-2

| | | 2010 年 | 2009 年 | 同比增长 |
|---|---|---|---|---|
| 三峡断面过坝货物通过量(万吨) | | 8794.5 | 7425 | 18.4% |
| 船闸运行指标 | 三峡船闸闸次 | 9407 | 8082 | 16.4% |
| | 船舶艘次 | 58302 | 51815 | 12.5% |
| | 过闸客运量(万人次) | 50.7 | 74.0 | -31.4% |
| | 过闸货运量(万吨) | 7880.4 | 6088.7 | 29.4% |
| | 其中:上行货运量(万吨) | 3599 | 2921 | 23.2% |
| | 集装箱量(万 TEU) | 42.9 | 38.5 | 8.3% |
| 翻坝转运情况 | 翻坝船舶(艘) | 5952 | 9424 | -36.8% |
| | 翻坝车次(万辆) | 26.1 | 38.2 | -31.6% |
| | 折合运量(万吨) | 914.1 | 1336.7 | -31.6% |

- **过闸货运情况**

2010 年全年三峡过闸运量呈现强劲的增长态势。2010 年 1 月过闸货运量与 2009 年同比增幅达 80.1%;此后,2 月至 7 月,过闸货运量保持同比小幅增长;8 月至 12 月,过闸货运量同比增长明显,其中 11 月过闸货运量创历史最高值 760 万吨。

2010 年三峡船闸上、下行货运量占总过闸货运量比例分别为 45.7%、54.3%。与 2009 年比,上行过闸货运量、下行过闸货运量分别同比增长了 23.2%、35.1%。

三峡船闸过闸货物主要以煤炭、矿石、矿建材料、钢材和集装箱为主,分别占 36.5%、18.8%、7.0%、8.1% 和 8.2%。

**2010 年三峡船闸过闸分货类货运量** 表 3.3-3

| 货种 | 合计 | 其中 | | 同期比 |
|---|---|---|---|---|
| | | 上行 | 下行 | |
| 煤炭 | 2874.82 | 68.55 | 2806.27 | 29.8% |
| 石油 | 451.53 | 430.3 | 21.24 | 29.4% |
| 木材 | 35 | 33.86 | 1.13 | 17.9% |
| 集装箱 | 648.97 | 329.06 | 319.9 | -4.8% |
| 水泥 | 172 | 137.36 | 34.64 | -46.4% |
| 矿建 | 550.01 | 522.9 | 27.1 | 154.1% |
| 矿石 | 1480.59 | 1084.12 | 396.46 | 51.3% |
| 粮棉 | 81.65 | 79.38 | 2.26 | -1.2% |
| 钢材 | 635.49 | 451.51 | 183.98 | 35.9% |
| 化肥 | 114.11 | 25.8 | 88.31 | 11.5% |
| 其他 | 836.21 | 436.61 | 399.6 | 29.7% |
| 合计 | 7880.37 | 3599.5 | 4280.89 | 29.4% |

- **过闸客运情况**

受沪渝高速公路、重庆—巫山高速公路及宜万铁路相继开通的影响，2010 年过闸客运量与 2009 年同比下降 31.4%。2010 年 1 月、2 月，过闸客运量与 2009 年分别同比下降 84.8%、64.5%；3 月至 6 月，过闸客运量同比出现震荡回升，其中 3 月、4 月分别与 2009 年同比增长 47.2%、9.4%；此后，7 月至 12 月，过闸客运量同比下降，其中 7 月、8 月分别与 2009 年同比下降 59.0%、49.0%。

- **载货汽车滚装翻坝转运情况**

2010 年滚装翻坝车次与 2009 年同比减少 31.7%。2010 年 1 月滚装翻坝车次与 2009 年同比增长 3.9%。此后，2 月至 12 月滚装翻坝车次同比下降，其中 10 月至 12 月分别与 2009 年同比下降 36.1%、36.8%、37.8%。翻坝车次减少的主要原因是长江南岸沪渝高速公路于 2009 年 12 月 19 日通车，部分货车由水路改为由沪渝高速公路进出川，库区滚装运输市场被分流。

### 3.3.4　港口生产状况

2010 年，长江干线港口（沿江省市分布在长江干线的所有港点，不含上海）共完成货物吞吐量 15.4 亿吨，同比增长 21.0%，港口货物吞吐量在 2008、2009 年增速下滑基础上出现恢复性上升，并随宏观经济发展走出了高增长走势。其中，外贸货物吞吐量 1.77 亿吨，同比增长 18.4%；集装箱吞吐量 925.9 万 TEU，同比增长 26.4%。“十一五”期间，长江干线港口货物吞吐量、外贸吞吐量和集装箱吞吐量年均增长分别达到 13.6%、16.8% 和 26.8%。

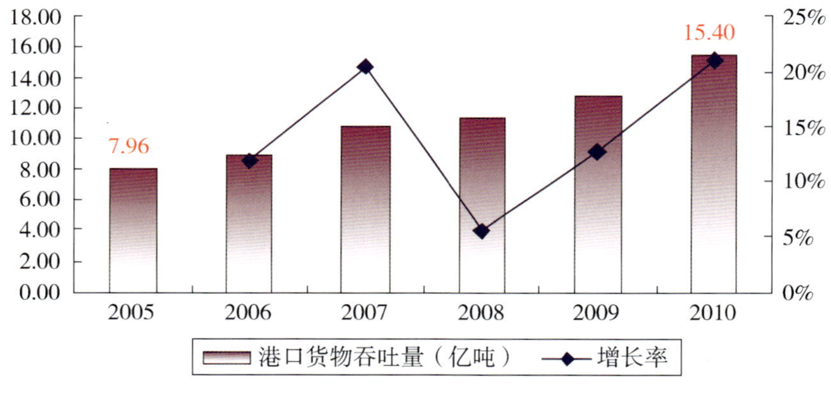


**图 3.3-8　“十一五”期间长江干线港口货物吞吐量发展态势**

从港口货物吞吐量区域结构看，上游和下游地区增幅好于中游地区。其中，上游地区完成货物吞吐量 1.08 亿吨，占总吞吐量的 7%，同比增长 19.8%，云南、四川两省吞吐量增幅分别达到 64.7% 和 48.4%；中游地区完成货物吞吐量约 2.0 亿吨，同比增长 9.1%，占总吞吐量的 13%，湖南省干线港口吞吐量增幅达到 53.1%；下游地区完成货物吞吐量 12.32 亿吨，同比增长 23.3%，占总吞吐量的 80%。

2010 年长江干线港口货物吞吐量(分省市)　　表 3.3-4

| | 货物吞吐量 | | 外贸货物吞吐量 | | 集装箱吞吐量 | |
|---|---|---|---|---|---|---|
| | 万吨 | 同比 | 万吨 | 同比 | 万 TEU | 同比 |
| 总计 | 153994.5 | 21.0% | 17724.8 | 18.4% | 925.9 | 26.4% |
| 云南省 | 298.1 | 64.7% | | — | | — |
| 四川省 | 2605.7 | 48.4% | 22.1 | -8.9% | 7.0 | 15.1% |
| 重庆市 | 7872.9 | 11.5% | 287.6 | 3.9% | 56.5 | 9.1% |
| 湖北省 | 15158.6 | 4.8% | 640.3 | 13.1% | 77.5 | 14.1% |
| 湖南省 | 1518.7 | 53.1% | 120.8 | 67.1% | 12.5 | 44.8% |
| 江西省 | 3291.1 | 15.4% | 111.4 | 17.0% | 12.1 | 19.4% |
| 安徽省 | 21265.5 | 20.2% | 257.9 | -6.2% | 22.2 | 11.5% |
| 江苏省 | 101983.9 | 24.0% | 16284.6 | 18.6% | 738.2 | 29.9% |

从季度变化来看，2010 年初港口运输生产保持较高增速，1 月份甚至超过 40%。但随后在煤炭、进口铁矿石需求迅速下滑的影响下，港口吞吐量增速逐月递减，4、5、6 月增速趋向平稳；三季度，受制于"十一五"末节能减排达标压力的影响，对煤炭、金属矿石等大宗商品的需求明显降低，导致港口吞吐量增速再次下探至年内低位；四季度，港口吞吐量增速呈现冲高回落的运行态势。

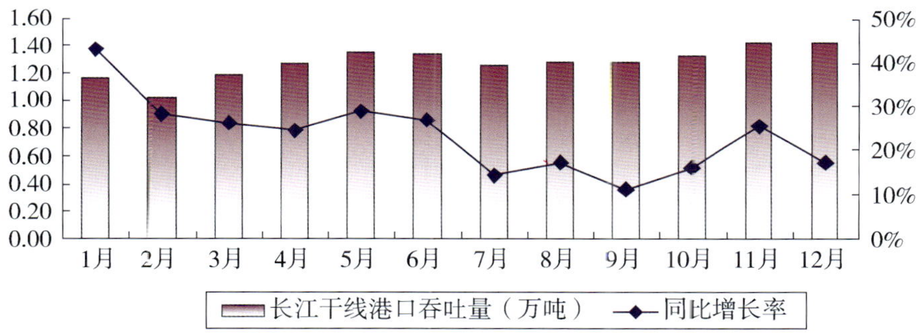


**图 3.3-9　2010 年度长江干线港口货物吞吐量分月走势图**

- **煤炭**

2010 年，长江干线港口完成煤炭及其制品吞吐量 3.19 亿吨，同比增长 30.1%，是"十一五"期间增长最快的一年。全年走势总体可以分为三个阶段，上半年稳步增加，第三季度有所减缓，第四季度再次冲高回落。

从主要煤炭转运港口完成情况来看，川江通过三峡船闸外运煤炭约 2800 万吨，"三口一枝"(宜昌、武汉、芜湖、南京四港)完成煤炭发送量 2100 万吨，江苏沿江港口完成海进江接卸量 1.56 亿吨(其中外贸 640 万吨)，同比分别增长 29.8%、12.9%、41.5% 和 63.0%，进口煤炭和海进江煤炭增长较为明显。

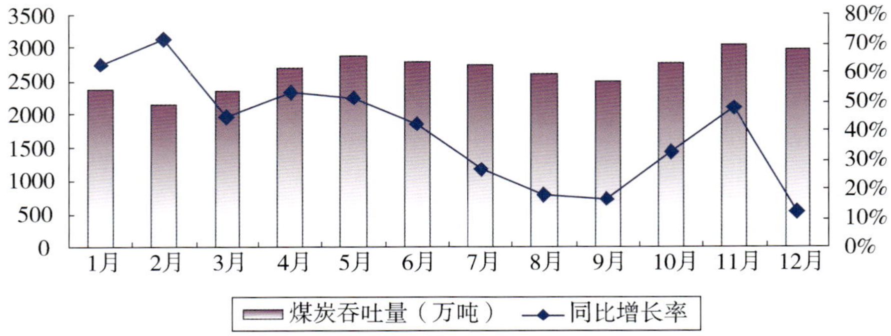


**图 3.3-10　2010 年度长江干线港口煤炭吞吐量分月走势图**

- **金属矿石**

2010 年长江干线港口完成金属矿石吞吐量约 3 亿吨，其中铁矿石 2.7 亿吨，同比分别增长 19.6%、19.4%。全年趋势波动较大，上半年高位回落，三季度低位徘徊，四季度快速冲高后回落。

从主要铁矿石转运港口完成情况来看，江苏沿江港口完成铁矿石装卸量达到 1.29 亿吨（外贸 4670 万吨），同比分别增长 22.5% 和 29.8%。马鞍山、武汉、重庆三港吞吐量分别达到 2400 万吨、2100 万吨和 1100 万吨，分别增长 12.1%、12.3% 和 11.1%。

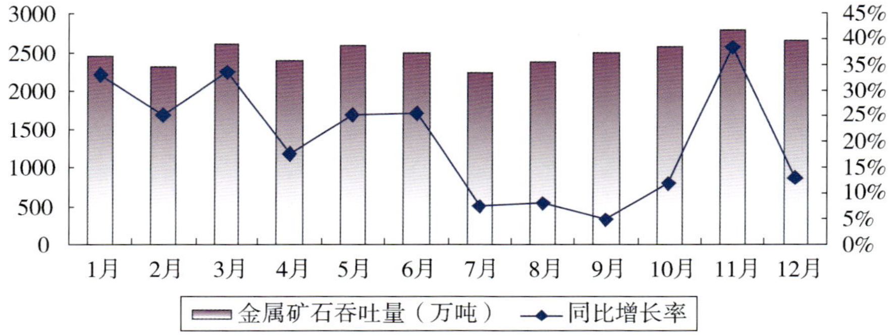


**图 3.3-11　2010 年度长江干线港口金属矿石吞吐量分月走势图**

- **石油以及制品**

2010 年长江干线港口完成石油吞吐量约 7740 万吨，其中原油 2130 万吨，成品油 3590 万吨，同比增长 14.2%、11.1% 和 11.6%，成品油占总量的 46.3%。全年总体上呈稳步增加的态势，其中一季度水平较低，之后一路上扬。

从主要油品转运港口完成情况来看，南京港石油吞吐量达到 3340 万吨，同比增长 11.6%，占总量的 43.3%。其中原油 1540 万吨、成品油 1500 万吨，同比分别增长 13.0% 和 6.9%，原油吞吐量有了较大幅度提升。安庆、九江、岳阳、武汉、重庆五港成品油吞吐量分别达到 215 万吨、120 万吨、120 万吨、240 万吨和 155 万吨。

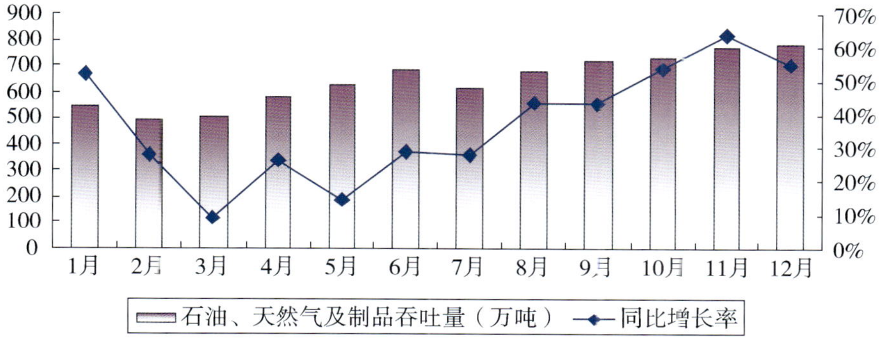


**图 3.3-12　2010 年度长江干线港口石油等制品吞吐量分月走势图**

- **集装箱**

随着全球经济回暖和扩大内需效应的显现，长江干线港口集装箱吞吐量快速增长，其中外贸箱 347 万 TEU，内贸箱 568 万 TEU，年均分别增长 17.3% 和 32.9%，内贸集装箱吞吐量占总量的比重进一步提高，由 2009 年的 58.4% 提高到 61.4%。上半年，集装箱同比增速保持在 40% 以上高位震荡；下半年，同比增速快速回落，低位震荡回升。

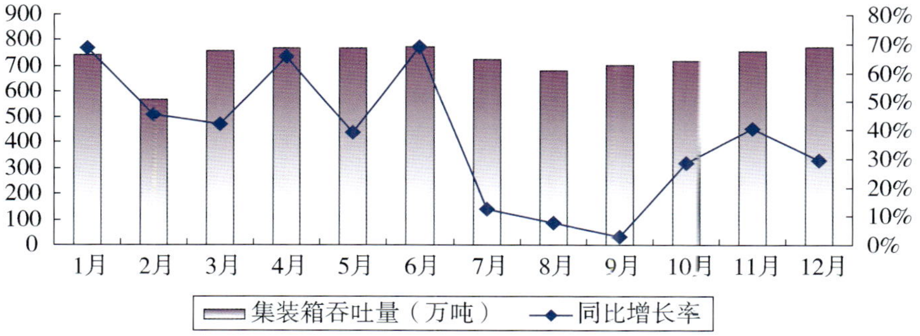


**图 3.3-13　2010 年度长江干线港口集装箱吞吐量分月走势图**

从主要集装箱港口吞吐量情况看，苏州港集装箱吞吐量 364.4 万 TEU，同比增长 34.1%。南京港、武汉港、重庆港作为长江下、中、上游的枢纽港，集装箱吞吐量分别为 145.4万 TEU、64.5 万 TEU、56.5 万 TEU，同比增长 19.9%、14.4% 和 9.1%。岳阳（城陵矶港）港以 45.3% 的增长速度位居涨幅第一，无锡（江阴）港凭借 34.4% 的增长速度一举跨入百万标箱的行列。

### 3.3.5　主要港口生产状况

根据全国主要港口名录，长江干线国家主要港口包括南通港、苏州港、镇江港、南京港和无锡（江阴）港、马鞍山港、芜湖港、安庆港、九江港、黄石港、武汉港（现为武汉新港）、岳阳港、荆州港、宜昌港、重庆港、泸州港等共 16 个。2010 年，主要港口共完成货物吞吐量 14.6亿吨，同比增长 25.5%。其中，外贸货物吞吐量 1.6 亿吨，集装箱吞吐量 872.8 万 TEU，同比分别增长 16.2% 和 25.7%。

2010 年长江干线国家主要港口货物吞吐量及增长情况　　表 3.3-5

| | 总量 | | 其　中 | | | |
|---|---|---|---|---|---|---|
| | 货物吞吐量（万吨） | 同比增长（%） | 外贸货物吞吐量（万吨） | 同比增长（%） | 集装箱吞吐量（万 TEU） | 同比增长（%） |
| 泸州港 | 1772.3 | 52.3% | 22.1 | -9.1% | 7.0 | 14.8% |
| 重庆港 | 9668.8 | 12.3% | 287.6 | 4.0% | 56.5 | 9.1% |
| 宜昌港 | 3614.2 | 2.2% | 27.3 | 17.7% | 5.4 | 20.0% |
| 荆州港 | 1848.9 | 11.6% | 25.7 | 28.5% | 5.6 | 12.0% |
| 岳阳港 | 8170.7 | 7.1% | 120.8 | 67.1% | 12.5 | 45.3% |
| 武汉新港 | 10378.0 | 19.9% | 402.4 | 6.1% | 64.5 | 14.4% |
| 黄石港 | 1605.0 | 6.6% | 185.0 | 28.5% | 2.0 | 0.0% |
| 九江港 | 3291.1 | 15.4% | 111.4 | 16.9% | 12.1 | 19.8% |
| 安庆港 | 2813 | 10.1% | 9.5 | 41.8% | 1.5 | 25.0% |
| 芜湖港 | 6609.4 | 15.8% | 139.3 | 26.4% | 14.3 | 43.0% |
| 马鞍山港 | 4825.6 | 15.1% | 41.5 | -15.7% | 4.1 | -41.4% |
| 南京港 | 15515.5 | 20.0% | 833.2 | 24.0% | 145.3 | 19.9% |
| 镇江港 | 10633.9 | 22.0% | 1546 | 12.8% | 30.3 | 7.8% |
| 无锡（江阴）港 | 12521.7 | 23.9% | 1291.8 | -22.6% | 101.1 | 34.4% |
| 苏州港 | 34934.9 | 32.7% | 8137.3 | 33.6% | 364.4 | 34.1% |
| 南通港 | 17823.8 | 5.6% | 2961.2 | 3.5% | 46.2 | 31.6% |
| 总计 | 146026.8 | 25.5% | 16021.3 | 16.2% | 872.8 | 25.7% |

注：除武汉新港外按“一城一港”口径统计。

## 3.4　水上安全形势

“十一五”期间，长江航运业经历了三峡船闸完建及水库蓄水、北京奥运会、国庆 60 周年、上海世博会等重大事件的考验，经受了国际金融危机、2008 年冰冻雨雪、汶川和玉树地震以及极端天气频发带来的巨大影响，水上运输和工程建设领域安全生产形势保持了总体稳定。5 年来，长江干线共发生运输船舶一般以上等级事故 199 件，死亡失踪 223 人，沉船 140 艘，直接经济损失 1.87 亿元，与“十五”期同比分别下降了 51.5%、58.6%、47.6%、8.5%，没有发生一次性死亡 10 人以上重大水上交通事故和重大船舶污染事故；治安案件查处率 99.7%，刑事案件破案率 76.7%；共发生火灾事故 67 件，死亡 10 人，直接经济损失

927万元，与“十五”期同比分别下降了35.6%、61.5%和19.5%。

2010年，以“安全生产年”活动为载体，突出重点，强化监管，深化服务，长江干线水上安全形势创历史最好，未发生航道维护责任事故，坝区通航安全有序，治安消防形势平稳，内部安全总体稳定。

长江海事局辖区全年发生运输船舶一般以上等级事故22件，死亡失踪28人，沉船19艘，直接经济损失约1578万元，同比分别下降了48.2%、34.9%、32.1%和58.3%。事故险情数、等级事故数、死亡人数、沉船数均创自1986年有统计记录以来最低，辖区连续5年未发生一次死亡10人以上群死群伤事故和重大船舶污染事故，客渡船连续两年实现“零死亡”。江苏海事局辖区全年共发生运输船舶水上交通事故44起，其中碰撞事故23起，死亡失踪79人，沉船41艘，直接经济损失6802.6万元。长江江苏段实现监控一体化，水上事故与船舶流量比由2005年的万分之0.6下降到2010年的万分之0.25。四川省辖区共发生4起运输船舶水上交通安全事故，死亡8人，经济损失258.1万元。

长江干线航道安全畅通，全年航标维护正常率达999‰，维护尺度保证率达100%，提高航道实际维护水深里程996.5公里，延伸定线制里程206公里，未发生航道维护责任事故。三峡坝区通航安全有序，未发生船舶漂流撞坝事故。

长江航运公安局全年接警3万起，查处治安案件1.18万起，查处率达99%；刑事案件立案1871起，破案1676起，破重特大案件471起，一般案件和重特大案件破案率分别上升5%和6%，打击处理犯罪嫌疑人522名，同比上升20%；共破获物流案件503起，涉案价值1.12亿元，挽回经济损失1.1亿元。妥善处置群体性事件196起。全年共发生火灾12起，无人员伤亡，火灾起数同比下降25%，财产损失同比下降48.65%。

长江沿江省市内河支流通航水域水上交通安全生产形势持续稳定。云南省连续20年保持了水上交通安全形势的稳定，发生一般安全事故3件，死亡4人；重庆市水上交通连续90个月未发生重特大事故；湖南省“十一五”期间未发生一起群死群伤的重大安全管理责任事故，水路交通安全形势保持基本稳定；湖北省水上交通安全事故四项统计指数低于控制指标，运输船舶事故起数、伤亡人数较“十五”期间下降70%以上；江西省水上交通和重点工程安全生产两项指标均控制在控制考核指标以内，水上交通事故死亡人数连续第二年控制在个位数；安徽、江苏等地地方海事辖区水上交通安全形势持续稳定。

# 第4章　行业服务保障与监管

## 4.1　水上运输保障和管理

### 4.1.1　航道维护

长江干线航道维护总里程4710.7公里，共设置航标5000余座，全线实行一类航道维护和一类航标配布。2010年，长江干线航道先后经受了枯水期中上游特枯水位、洪水期异常高水位、区域特大暴雨、下游福姜沙水道常年疏浚施工和三峡175米蓄水等考验，各河段航道维护尺度保证率均达到计划指标，航道维护总体情况良好，干线航道总体畅通安全。长江航道局全年共完成航标维护216.2万座天，为年计划的105%，维护正常率999‰；测量完成3.7万换算公里，为年计划的154%；疏浚维护工程量为327万立方米，创历史新高；航道整治建筑物观测2658换算平方公里。

(1)长江干线航道实际维护标准得到全面提高。“十一五”期间，长江航道局充分利用航道自然水深和整治建设成果，19次分时分段提高了航道实际维护水深，干线航道2688公里河段的实际维护标准得到全面提高。2010年8月10日起，长江上游重庆至宜宾河段航道维护升级。根据长江航道局发布的航道维护方案，每年5月至11月的长江中、洪水期，长江航道局将分时分段提高上游重庆至宜宾段航道维护尺度。其中，在5、6、10、11月长江中水期，该航道达到国家二级航道维护标准，2000吨级船舶可昼夜通航；在7、8、9月洪水期，该航道达到国家一级航道标准，3000吨级船舶可昼夜通航。为进一步释放长江中游航道通过能力，充分利用航道整治工程成果和三峡工程蓄水后航运效益等有利条件，自上届枯水长江中游宜昌至城陵矶段航道维护水深从2.9米提高到3.0米试运行后，自2010年11月1日起再次从3.0提高到3.2米(4月份提高到3.5米)试运行。7月15日，正式开通长江干线武汉至城陵矶河段海轮航道，海轮航道开通期间(每年的5月至9月)，可望达到的维护水深为5.0~6.5米，维护的航道宽度最低为150米；自11月1日起枯水期长江中游城陵矶至武汉大桥河段航道维护水深从3.2米提高到3.5米。2011年1月8日，12.5米深水航道上延至太仓段实现试通航。

(2)航道信息发布实现周报。2010年6月1日，航道维护信息发布由分旬改为分周发布，全线按分段、分主要浅水道对外发布实际维护尺度，并每天发布沿江主要港站水位，及时发布航道航标调整及航道施工等信息，使行轮能够及时掌握航道变化情况，合理配载。

(3)航路改革继续推进。长江干线继江苏段、芜南段、三峡库区段实施航路改革后,2010 年实施了芜湖至安庆、丰都至涪陵段 206 公里航道的航路改革。至此,长江干线“水上高速通道”延伸为 1120 公里,接近通航总里程的一半。

(4)重点时段和重点水道航道维护。2009 ~ 2010 届枯水期,航道部门及时制定了“三保一创”(即保安全、保畅通、保运输,创和谐通航环境)活动方案,确定了 14 处一类重点浅水道为枯水期的维护重点,提前对太平口、张南(上浅区)、福姜沙南等 11 处水道进行了维护性疏浚施工,全线共投入挖泥船 16 艘,16 个测绘处,疏浚 11 处浅区,挖泥 202.9 万立方米,播发通航信息 7166 份。航道部门还对宜宾至纳溪段、涪陵李渡长江大桥至重庆羊角滩、宜昌至城陵矶段航道加强探测,以服务通行船舶为宗旨,强化夜间施工管理,留出白天时间供船舶通航。2010 ~ 2011 届枯水期,制定了提高长江中游枯水期航道尺度(试行)维护方案,确定一类重点水道 14 处,二类重点水道 19 处,安排了 17 艘挖泥船、16 个测绘处投入枯水期航道维护疏浚,确保航道畅通。

(5)三峡工程 175 米试验性蓄水期航道维护。切实加强蓄水期间的航道维护管理,及时完成同比降观测和变动回水区淤沙河段观测,加强对库尾河段淤沙河段观测,组织中、下游航道测量,加强对各浅水道的观测与分析,及时掌握各水道的发展变化情况,精心维护,不断优化航标配布。蓄水期间航道部门合计巡查 5259 次,调整航标 4508 座次,航道测量 1252.3 换算平方公里,调整趸船 417 艘次,航道清淤 38.5 万立方米。确保了蓄水期间长江干线航道畅通安全。

### 4.1.2　航道管理

(1)临跨河建筑物的审查审批。按照《跨越国家航道的桥梁通航净空尺度和技术要求的审批办法》,完成了荆岳铁路公安长江大桥等 7 座桥梁通航净空尺度及技术要求的审批程序和长江干线第一例桥梁竣工前通航专项查验工作(武汉白沙洲长江大桥),开展了马鞍山长江大桥等在建桥梁施工期通航监管和沪通长江大桥、武汉鹦鹉洲长江大桥等过江通道建设前涉及通航的相关管理和协调工作。同时,开展了长江干线桥梁通航净空尺度和技术要求批复执行情况、航道与通航管理情况普查工作,全面掌握了长江干线桥梁通航现状,基本明确了长江干线不宜在水中布设桥墩的建桥水域,编制了水域详细表格及图册,并编制了长江干线建桥选址与通航技术暂行规定。

(2)保护航道及航道设施。2009 ~ 2010 届枯水期,针对“超吃水”船舶破坏航道现象制定并实施了“两从严,五不准,五处罚”等管理规定,长江航务管理局系统会同江苏海事部门、地方港航管理部门共同对严重违规的多家船公司“超吃水”船舶进行了处理,并实施停止营运 7 天的处罚,促使本届枯水期“超吃水”搁浅事故明显减少,同比下降近 50%。2010 ~ 2011 届枯水期,根据长江上、中、下游的不同水文特征和航道条件,对各河段枯水期的水位进行了明确划分,进一步明确了三峡船闸门槛水深控制标准,提出了“三个确保、一个创建”的工作目标。

(3)加强航道整治建筑物保护,探索沉船评估和打捞清除机制。开展了《长江干线航道整治建筑物保护管理办法》的专题研究,并开展了长江航道局全线范围内航道整治建筑物的核查工作,为每一处航道整治建筑物保护建立责任体系,强化了航道整治建筑物的保护。开展了沉船打捞评估机制研究和制定工作,海事、航道部门制定相关规定对沉船沉物事故的应急处置、日常管理、打捞清除、现场管理以及信息发布进行了详细部署,长江干线内沉船管理进一步加强。

### 4.1.3 三峡通航保障与管理

(1)继续强化船闸设备维护及运行管理。进一步完善4小时船舶动态调度模式和"绿色通道"制度,确保了重点物资及时过坝。开展了三峡船闸大流量第二阶段水流条件观测试验,积极开展三峡船闸最高通航流量研究。加强船闸设施设备运行维护和保养,不断提高船闸快速抢修水平,船闸保持高效正常运行。7月13日至19日,三峡船闸分别进行了南、北线船闸计划性停航检修。通航管理部门制订了三峡船闸停航检修期间通航管理工作方案,长江航务管理局派工作组现场协调办公,针对船闸停航检修前由于流量限制原因导致部分中小型船舶滞留情况及时采取管控措施,三峡南线船闸提前2小时完成检修任务,北线船闸提前6小时完成检修任务,将船闸检修对通航的影响降到最低限度。

(2)应对三峡汛期及恶劣气候的通航保障。针对2010年因大风、大雾、大流量等原因造成三峡坝区多次出现船舶滞留的现象,主管部门及时编发了《三峡坝区水域船舶滞留应急联动机制方案》。妥善处置了"3·14"客船滞留三峡闸室突发事件。应对2010年汛期复杂通航局面,通航管理部门提前编制汛期通航保障工作预案,加强与长江防总、三峡集团公司等单位沟通,及时掌握三峡水情预报,做好信息传递工作;与三峡集团公司协调,落实三峡坝区大功率护航拖轮,并在两坝间组织进行了防止遇险船舶漂流撞击葛洲坝演习;积极采取管控措施,三次启动三峡坝区水域船舶滞留应急联动机制;积极协调长江防总调整三峡下泄流量,加大现场监管和巡航检查力度,经受了三峡船闸开通以来最大洪峰(70000立方米/秒)的考验。

(3)保障175米试验性蓄水通航。根据国家防汛抗旱总指挥部批复的《三峡工程2010年175米试验性蓄水实施计划》,三峡水库9月10日开始蓄水,蓄水过程中采取分阶段控制水库蓄水位的调度方式。起蓄水位按起蓄前防洪调度的实际库水位160.0米左右开始,9月30日蓄水位暂定162.0米,10月底蓄至175米。在试验性蓄水期间,长江航务管理局实行通航保障工作日报告制度,及时对社会发布蓄水计划安排通告,加强组织协调,狠抓预案落实,为全面实现蓄水期间长江航运安全稳定提供坚强保障。蓄水期间,三峡船闸运行1247闸次,日均26.5闸次,通过船舶7564艘次,日均161艘次,通过货物1062.4万吨,日均22.6万吨。

(4)三峡过闸船舶试行新吃水控制标准。三峡船闸过闸船舶吃水控制标准经长江航务管理局批复,于12月1日起进入试运行阶段,试行期为1年。新的过闸船舶吃水控制方案将过闸船舶最低吃水控制标准由 3.7 米提高到 4.0 米，提高了三峡船闸的过船能力。新的过闸船舶最大吃水控制标准为当三峡船闸最小槛上水深 5.5 米及以上时按 4.2 米、最小槛上水深 5.0 ~ 5.5 米之间时按 4.0 米控制过闸船舶最大吃水。吃水控制标准的发布方式将通过网站等多种方式及时向社会发布航行通告，并根据船闸运行方式与最小槛上水深的关系，在三峡船闸四级、五级不补水运行期间，过闸船舶最大吃水为 4.2 米；在三峡船闸五级补水运行期间，过闸船舶最大吃水为 4.0 米。

## 4.2　水运市场服务与监管

### 4.2.1　运输市场监管与服务

(1) 市场准入管理。严格按照《国内水路运输经营资质管理规定》，定期组织召开集体审批会，把好船舶市场准入关，认真落实《老旧船舶管理规定》和老旧船舶强制报废制度，加快淘汰老旧船舶。以液货危险品运力调控为重点，制定了“长江水系省际液货危险品运输市场宏观调控的意见”和“新设立长江水系省际液货危险品运输企业控制条件”等规范性文件。继续停止新增液货危险品船舶运力的审批；通过以旧换新方式，更新液货危险品运输船舶运力，对老旧船舶、小吨位船舶、单壳油船、单壳化学品船退出市场的，允许淘汰一艘旧船，新建一艘新船，且不受旧船吨位限制。2010 年，长江航务管理局累计审批普通货船企业 528 家次、船舶 1214 艘、183.2 万载重吨。其中筹建 251 家、船舶 731 艘、118.1 万载重吨；开业 258 家、船舶 483 艘、65.1 万载重吨；注销 19 家。办理“四客一危”船舶营运证 1905 艘次。

(2) 推进船型标准化。根据交通运输部授权，长江航务管理局成立了推进长江干线船型标准化组织机构，制订了工作方案并努力推进。收集、整理、审核长江干线船型标准化方案实施范围内船舶的相关资料，经审核符合实施方案基本条件的船舶共计 11032 艘，约 384 万总吨。长江干线非标准船舶拆解改造进程有序推进，长航集团完成了所属公司老旧船舶改造、拆解补贴资金申请审核工作，沿江省市制定了 2011 年船型标准化补贴资金计划。采用政府引导、企业协商、自主补偿的方式，2010 年 8 月 1 日起，28 艘 48 车位(含)以下非标准载货汽车滚装船顺利退出市场。

(3) 引导企业经营资源整合。长江航务管理局加快推进运输结构调整和整合经营资源，引导长江水系省际液货危险品运输、长江干线省际旅客运输转变发展方式，并在相关省市开展了省际液货危险品运输经营资源整合试点。湖南省对省内企业进行了摸底排查，江西省公布了首批 5 家重点发展和 5 家重点监控企业名单，重庆市促成了 4 家企业的兼并重组。积极推进库区客滚运输市场开发相关工作，按照规定程序完成了“宜昌新高湖滚装客船有限公司”的筹建批复工作。通过市场准入管理措施，2010 年，长江航务管理局共注销 10 家危险品运输公司经营资格，许可 30 余艘危险品船舶以旧换新，注销了 18 艘危险品船舶营运证；注销客船 4 艘、滚装船 8 艘。

### 4.2.2 水路运输的组织协调与保障

(1)重要物资和重点时段旅客运输组织。春运、"十一"黄金周等特殊时段,长江干线各级水路交通运输部门和港航企业合理安排运力和班次,确保运力充足、运价平稳。其中,2010年长江春运期间,没有发生一起客船安全和乘客伤亡事故,没有发生旅客滞留,没有发生一起客船超载航行,旅客投诉较上年下降6.3%。以特殊时段为重点,开辟绿色通道,按照优先安排计划、优先引航、优先进出港、优先靠离、优先装卸、优先过闸的"六个优先"原则,完成了电煤、石油、矿石等重点物资,鲜活农副产品、抢险救灾物资等运输保障工作。

(2)继续深入开展春暖行动。长江航务管理局组织开展长江干线水运生产信息季度交流并发布长江干线运输生产形势分析报告,协调运输生产过程中的矛盾与纠纷;定期发布长江航运市场景气指数、运价指数和长江船东满意度指数,通过网络、媒体等信息平台发布长江运输生产和行业管理方面信息和动态,引导港航企业正确认识运输市场发展趋势。

### 4.2.3 长江引航服务

长江引航中心有效推行并持续改进引航服务与引航管理质量体系,促进引航服务的标准化规范化,完善安全引航管理体系。2010年,共引领船舶63385艘次、总吨5.7亿、净吨3.1亿、引航里程838万公里,同比分别增长21.8%、30.6%、31.4%、19.3%。其中,国内航线22557艘次,同比增长54.0%;引领国际航线40828艘次,同比增长9.0%。

"十一五"期间,共引领中外籍各类船舶22.1万艘次,年均增长15.84%,引航总吨19.2亿,引航净吨10.3亿,引航里程2918万公里。其中,引领特种困难作业船舶15651艘次,并不断刷新长江超大型船舶进出江记录。"十一五"期间长江引航事故率年均0.235‰,与"十五"期间相比下降79.15%;上报等级责任事故率年均0.032‰,与"十五"期间相比下降83.25%,2007年、2010年实现上报等级责任事故率为零。

### 4.2.4 港口市场监管与服务

(1)规范港口经营活动。根据《港口法》、《港口经营管理规定》和《港口危险货物管理》的规定,2010年长江干线港口相继开展了年度港口经营作业资质审验工作,严格实行经营许可并定期开展了区域内港口经营市场执法检查活动。苏州港、镇江港、南京港和九江港等干线港口对从事港口经营活动,并持有《港口经营许可证》及《危险货物港口作业认可证》的企业进行了年审,确定从事港口经营应具备的法定条件的符合性,并对经营活动的合法性进行了审查并换发新版港口经营许可证。长江干线港口通过严格的市场准入制度及相关管理规定,逐步建立和完善港口经营市场管理体系,按照"有序竞争,健康发展"的原则,通过公开、透明和规范的程序办理经营许可,逐步实现港口经营市场供求平衡,同时对港口客货服务经营活动进行了规范。

(2)加强港口岸线资源保护。湖北省整合港口岸线资源,成立武汉新港管理委员会,着手开展了岸线资源化管理研究与探索,进行了武汉新港口岸管理模式研究。湖北省黄冈市出台《长江港口岸线管理办法》,按照建设项目的设计规模、生产能力和投资强度等因素综合考虑岸线使用,确保岸线资源的有效利用。九江市港口管理局制定了申请使用长江港口岸线的程序,规范港口岸线申报审批程序。池州市港口管理局努力加大岸线管理力度,加强了港口岸线环评的工作力度。江苏江阴、重庆万州等港口管理局还先后出台了保护岸线相关规定。

(3)推进载货汽车滚装码头大型安检设施建设。按照三峡库区滚装码头大型安检设施建设实施意见,开展了三峡库区滚装码头大型安检设施建设进度专项检查活动,加快三峡库区滚装码头大型安检设施工作。目前,北京华力兴公司四套设备的生产任务已基本完成,已进入设备出厂前的系统总体组装测试、内部验收阶段;重庆郭家沱港埠有限公司、秭归县银杏沱港埠有限责任公司、重庆市万州区平湖滚装运输服务有限公司分别于9月21日、22日和10月28日开始进行土建施工建设,2011年春运期间投入使用。

## 4.3 水上安全保障与监管

2010年,长江航运业继续提高水上安全保障能力,提升监管水平,深化安全服务措施,增强应急处置能力,完善安全长效机制,组织开展安全专项整治活动,并出色完成了上海世博会安保、汛期抗洪救灾、三峡水库首次蓄水达到175米等重大安全任务,为沿江经济社会发展提供了坚实的安全保障。

### 4.3.1 水上安全管理机制

(1)完善安委会日常沟通机制。认真落实国务院、交通运输部安委会关于安全生产工作的总体部署,进一步发挥长江航务管理局安委会的沟通协调作用,定期召开安委会成员会议和2010年汛期安全管理工作会议、水上交通安全紧急电视电话会议、重点航运企业安全工作会议等专题会议,以完善制度、强化责任为核心,加强协调配合,充分发挥整体合力,形成政府部门、管理部门、企业携手共建平安长江的良好局面。

(2)完善合作协调机制。推进沿江省市政府、交通主管部门、涉水单位战略合作,全行业、各部门团结协作、齐抓共管的良好局面正在形成。充分发挥长江航务管理局系统整体优势,整合内部资源,长江干线联合执法机制、长江航道行政执法机制、安全管理与运政管理联动机制、巡航救助一体化体系日趋完善。长江航务管理局与沿江省市签署了战略合作协议,与长江水利委员会建立了联合治砂的长效机制,还完善了与百家重点港航企业联系制度,实施了航运企业安全随访制度和安全警示谈话制度。

(3)完善源头控制机制。逐步建立了长江航运安全源头控制机制,分析、梳理安全管理源头,加强市场引导,优化运输经营主体,大力推进船型标准化,优化船舶运力结构。严格市场准入管理,加强了经营行为监督检查,严厉打击非法经营清理整顿市场,逐步建立船舶管理公司经营资质审核机制,取缔不合格的船舶管理公司。完善船舶登记管理制度。建立“诚信监管体系”,将诚信考核纳入准入管理与淘汰机制。沿江省市港航管理部门不断健全安全监管长效机制，推进水上交通安全管理规范化建设。

(4)完善水上交通安全预警机制。港航企业逐步建立完善安全生产动态监控和预警预报体系，发现事故征兆及时发布预警信息，落实防控和应急处置措施。长江航务管理局建立了长江航运安全预警制度，定期分析评估长江航运安全风险信息，及时发布预警信息。

### 4.3.2 水上突发事件应急管理和救助机制

近年来，长江航运行业主管部门完善了航运、港口、航道、海事应急联动建设机制，编制了《长江航运突发事件应急预案》，印发了《长江航运突发事件信息报告和处理办法》，海事、航道、公安等职能部门应急指挥机构和应急处置队伍日趋完善，大型港航企业组建了专兼职安全生产和应急抢险队伍，应急处置能力不断增强。2010 年，成功应对了 1998 年以来长江流域特大洪水，及时启动三峡水上应急联动机制；建立了辖区社会应急资源数据库，密切关注三峡库区 56 处滑坡体动态。长江航务管理局还与交通运输部救捞局联合开展了长江三峡库区重特大事故抢险打捞桌面推演，组织实施了三峡库区山体滑坡水上应急处置等演练，提高了应急处置能力。

全面加强水上应急能力建设，应急救助网络已基本形成，水上救助能力明显增强。长江海事局形成了"153040"快速反应工作机制，即接警后港区 15 分钟、库区 30 分钟、其他航段 40 分钟内赶到事故险情发生地实施救助。目前，长江海事局辖区已形成 6 个巡航救助综合基地、8 个基地、126 个站点(或待命点)的布局框架，设置运转的一线监管救助站点 117 个；组建了 10 个水上搜救中心和 37 个分中心。长江航务管理局系统共建成固定/移动 CCTV 监控点 86 个，实现了现场图像远程实时传输。配备海巡艇 191 艘，公安船艇 31 艘，航道监管救助工作趸船 102 艘，航道维护船舶 183 艘，巡航快艇 8 艘，救助打捞船 6 艘，各类大型挖泥船 41 艘，测量船舶 26 艘和年疏浚施工能力达 1.2 亿立方米的航道疏浚应急资源。初步构建了重点港区、桥区 VTS，重点水域 CCTV，重点船舶 GPS 和常规海巡艇互为补充的现代水上安全监管与救助一体化框架。

江苏海事局在长江江苏段十个分支机构设立指挥分中心和 10 个执法支队；建设了 2 个大型监管救助综合基地(南京、南通)、38 个应急救助待命点(长江江苏段平均每 9 公里一个待命点)；部署了 65 艘海巡艇、264 辆海事执法车。两级指挥中心统一调度指挥所有海事执法和应急救助资源及力量。建成 6 个联网运行的船舶交通管理(VTS)中心，23 个交管雷达站，全面覆盖长江江苏段 365 公里航道。经过 5 年的建设，长江江苏段实现了"全程监控一体化"，具体包括三大体系：指挥有力、反应快捷的组织体系；国内领先、管控一流的信息化支撑体系；系统科学、行之有效的规范性文件体系。其中信息化支撑体系是以长江江苏段地理信息系统(GIS)为平台，以船舶交通管理系统(VTS)为主干，以船舶自动识别系统(AIS)、全球定位系统(GPS)、闭路电视监控系统(CCTV)、海事气象系统、卫星视频传输系统、甚高频通信系统、海事电子政务系统(海事通等)等先进技术为手段，通过海事信息网络采集和传输水域现场图像及船舶、船员的动静态数据，实现对重点港口、水域的现场监控和对船舶的全天候、立体化监管，为海事现场管理、交通组织、信息服务提供有效支撑。

### 4.3.3 海事监管与服务

(1)通航管理。实施长江安徽段、三峡库区段船舶定线制规定，使定线制水域延伸205公里。推行重点港区、桥区VTS，重点水域CCTV，重点船舶GPS和常规海巡艇互补的现代水上监管与救助一体化模式，长江海事局年累计巡航10.45万次，巡航时间21.6万小时，巡航里程达203万公里，出动人员37.1万人次，纠正、查处违法违章行为2613起，完成919件水工作业项目管理。“四级预警三级发布”和“四级待命三级指挥”应急反应机制有效运行，积极应对三峡175米蓄水期间水上交通安全和三峡水库大流量大洪峰，妥善处置了“9·10”船舶翻覆等突发事件，成功处置了“芜湖4·16”甲苯船碰撞和巫山望霞山体滑坡等重大险情，长江海事局全年共发布各类安全预警328次，开展应急搜救行动240次，救助遇险人员5780人、遇险船舶325艘，人命救助成功率达99.33%。

(2)“四船”管理。长江海事局全年审核公司173次、船舶388艘，对12家公司进行了跟踪或附加审核，收回或暂扣14艘船舶的安全管理证书，1家公司被收回符合证明。全面推广2.0版船舶动态系统，评定23艘“诚信船舶”。新安检规则有效施行，安检船舶17764艘次，签证66.9万艘次，滞留船舶441艘。组建芜湖海船安检站，完成全国内河船舶最低安全配员研究。加强船员培训和服务机构监管，完成3期内河船员、36期海船船员考试，各类理论考试参考人数达82612人次，核发各类船员证件125951本(份)。开展船员安全知识教育培训工作，推行小型船舶船员强制穿救生衣制度。开展了“大船小证”、集装箱船舶验船质量、在建船舶建造质量等专项检查，严厉查处严重违规检验行为，暂停了1家船检机构检验资质，取消了3名验船师检验资格，6名验船师受到警告处分。

(3)客渡船监管。继续开展“平安渡、放心船”工程，深入开展“渡船航行规范巩固年”活动，推广使用渡口渡船软件管理系统，制定实施“十大风险源”安全监管指导意见，强化源头治理、风险预防预控。开展了第三次渡口渡船、涉外旅游船、滚装船、危化品船、采运砂船等安全隐患大排查；查出渡口渡船安全隐患6100余项，整改率达92.4%；安全维护过江旅客5475万人次、车辆412万台次。

(4)危险品和防污染管理。建立危险品运输“1+6”管理机制，实施了危险品运输船舶分类监管措施，施行危险品船舶、公司差异管理制度。对危险品船舶试行了动态跟踪；开展多用途液货船检查等专项活动。开发应用危险品船舶动态跟踪软件。不断推进单壳危险品船淘汰和污染危害性码头防污染设施配备。2010年，长江海事局受理危险品船舶申报22996艘次，安全运输危险品2232万吨，同比分别增长0.36%、18.17%。

(5)安全信息服务。以“安全生产月”、“6·5”世界环境日、“7·11”航海日、“安康杯”为载体，以中国水运报、长江水上交通安全信息台、政府门户网站为平台，强化安全宣传和安全信息服务。严格执行24小时安全值班和话台值守制度，110联动转接电话保证率、通信正常率均达到100%。开设长江之声、船员课堂等信息互动平台。向船公司免费赠送了

4000 台收音装置，为船员用户提供多方位安全信息。

### 4.3.4 水上治安与消防

（1）长江干线治安防控体系建设。根据交通运输部《关于长江干线治安防控体系建设的指导意见》，逐步建立长江航务管理局系统各单位整体联动，社会各方面力量参加、运转高效的长江治安防控体系。长江航运公安局牵头组织成立以分局管辖水域为区段，相应的海事、航道、通航管理等部门参加的治安防控体系建设领导小组，组织协调本区段治安防控体系建设。长江干线各区段相继设立了社会治安综合治理组织协调机构，初步建立起点、线、面结合，集打、防、管、控一体的长江干线治安防控体系。

（2）水上治安。加强情报信息收集研判和矛盾纠纷调处，积极主动协助有关部门做好矛盾疏导工作，妥善处置群体性事件。严密重点人员和敏感节点管控，对重点人员全面摸底排查，落实稳控措施。全面加强水上社会面治安管控，密集开展了一系列治安专项整治。强化了危爆物品监管，组织开展了治爆缉枪专项行动。加强了重点要害部位的控制，严防发生恐怖袭击事件。开展了行业场所清理整顿和旅馆业、娱乐场所“黄、赌、毒”专项整治，开展出租屋、厂房大清查。深入组织开展了“江盾行动”、打击物流犯罪、打黑除恶和“2010 严打整治”专项行动，全年一般案件和重特大案件破案率分别上升 5% 和 6%，打击处理犯罪嫌疑人同比上升 20%。严格落实乘警责任制和港船交接制，积极探索乘警工作新模式，科学合理调配客轮警力，全年管辖派乘客船安全营运 1 万余航次，运送中外旅客 133 万人次。

（3）消防安全。通过开展“安全生产月”、“11·9”消防宣传等活动，围绕社会消防安全“防火墙”工程，提升长江消防工作社会化水平，督促涉水单位落实消防安全责任，加强安全监督，及时整改火灾隐患，有效遏制了重特大火灾事故发生。

### 4.3.5 三峡通航安全管理

2010 年，三峡通航安全管理工作经受住船舶过闸需求持续攀升、大风大雾频发、特大洪水、世博安保、三峡工程 175 米试验性蓄水等考验，完善危险品船舶过闸运输组织方式和疏通坝区船舶积压的长效工作机制，建立汛期通航安全管理工作长效机制，加强对三峡水库 175 米蓄水期间三峡水域港口、码头、锚地、船舶的安全管理，通航安全形势总体平稳。2010 年，过闸船舶 GPS 入网总量达到 3507 艘，船舶过闸 GPS 申报率 98% 以上，大风大雾安全预警防控 144 次累计 761 小时，内部重大安全责任事故为 0，安全综合指数 98。

### 4.3.6 专项工作

（1）“平安行动”。贯彻落实国务院《关于进一步加强企业安全生产工作的通知》，长江航务管理局携手管理部门和港航企业，以“夯实安全基础，落实安全责任；严格安全监管，促进安全发展”为主题开展了长江航运“平安行动”。以“四客一危”船舶、“七节两会”等时段、“六区一渡”等水域为重点，全面加强长江航运安全生产工作。长江航运“平安行动”的主要措施包括：落实长江航运安全生产两个主体责任、严格长江航运安全生产准入条件、提高长江干线通航安全保障能力、严格港航企业安全管理、实施更加有力的安全监管、建立更加完善的安全预警机制、建设更加坚实的安全保障体系、建设更加高效的安全应急保障体系、强化行业政策引导、提高安全服务水平、畅通企业联系机制、实行更加严格的考核和责任追究。

（2）涉砂船舶专项整治行动。目前沿江承担长江河道采砂管理和执法工作的专兼职机构有150余个，专兼管人员约2000多人，建立了10多个执法基地，配备水政监察船（艇）50余艘，专兼用执法车辆60多辆，夜视仪、照相摄像等取证设备100余部。长江水利委员会和长江航务管理局于2010年6月至10月联合开展的长江干流涉砂船舶专项整治与执法行动，基本摸清了沿江八省市涉砂船舶的"家底"。据统计，专项行动开展以来，长江航务管理局共召开各类宣传动员会30多次，散发宣传资料5000多份，制作宣传标语、横幅近200条，各类报刊、电视台等宣传报道10多次。长航系统各单位共出动海事执法人员30135人次、警力4938人次、航道执法人员5985人次，出动船艇（车辆）19786航次（车次），检查船舶26175艘次，设置集中停靠点34处、清理涉砂船舶6077艘，实行集中停靠船舶3010艘，遣送原籍39艘，查获非法采、运砂船舶313艘次，强制卸载449艘次，摧毁采砂设备188套，查处治安案件859起，其中阻碍执法案件12起，处罚违法人员863人。

（3）汛期百日安全活动。面对1998年以来长江流域特大洪水，2010年长江航务管理局组织开展了为期100天的汛期百日安全活动。通过对"四客一危"船舶实施"十个严格"措施，与气象、水文、地质灾害监测部门以及沿江水利部门建立密切联系，及时掌握并发布汛期水情、极端天气、山体滑坡等动态信息，及时启动应急预案和实施洪水类二级安全预警等一系列的措施，最终实现了"确保汛期长江干线水上交通安全形势稳定，确保防汛责任闸口安全，确保内部安全无事故"的防汛总体目标。

（4）上海世博会安保工作。长江干支流水路是世博水上安保的重要环节之一。长江航务管理局开展了为期7个月、历时214天的"筑长江堡垒、保世博平安"安保活动，以"三个严防、四个100%安检、五个不发生"为重点，共检查船舶25.1万艘次，实施入沪船舶特殊签证1.78万艘次，实施船舶过闸前联合安全检查12059艘次，滞留船舶28艘，检查车辆14.6万台次，整改消防隐患1.71万处，查获违法运输的危险品1111吨，核查人员102.2万人次，抓获在逃人员26人。江苏海事局设立太仓"世博"安保检查站，调用沿江现场执法力量，运用"海事通"系统，高标准、高强度完成了"世博"水上安保任务。沿江各地方政府和交通海事部门也积极参与行动，确保安保工作不留空白。

## 4.4 科技创新与信息化

### 4.4.1 科技创新

- **科技项目开展**

2010年，围绕航道治理、运输工程、安全保障、综合信息服务等领域的技术难题，长江航运行业主管部门积极推进水运科技研究工作。长江航务管理局系统承担了110个科技项目的研究,科研经费达到4949.3万元,较2009年增长20.9%。开展了南浏段数字航道及全线长江电子航道图试运行工作;长江航道芜湖以上河段已全部推广使用太阳能一体化航标灯;开展了长江中下游心滩守护工程等关键技术、三峡库尾以及坝下中游航道演变规律、长江中游航道系统整治技术以及三峡库区危险化学品及装载船舶打捞、除险技术论证、长江航运公共综合服务一体化应用关键技术、三峡船闸过闸船舶吃水控制标准关键技术等课题研究。6项科研成果获省部级科技奖励。其中,"三峡船闸通航安全应急反应系统关键技术研究"和"航道维护与指挥调度系统研制"获2010年度"中国航海学会科学技术奖"二等奖;"三峡船闸检修规程研究"和"航道监测系统"获2010年度"中国航海学会科学技术奖"三等奖;"长江中游宜昌至城陵矶河段航道尺度发展可能性研究"和"长江航道整治顺水流沉排施工工艺和船舶设备关键技术研究"获中国水运建设科学技术奖三等奖。

沿江各省市交通主管部门积极推进水上科技创新。相继开展了"重庆市水上交通应急指挥系统"、湖南省航道航标管理"浮标遥测遥报系统"、"京杭运河苏北段GPS船舶辅助调度系统研究"等系统研发工作,完成了"三峡库区航运安全虚拟现实仿真系统研究"、"三峡库区船桥碰撞规律、防撞措施设计与预警系统研究"等一批西部科技项目和"乌江适应船型系列的研究与开发"、"嘉陵江及其支流适应船型系列的研究与开发"、"基于3G网的交通信息集成和应用研究"、"江苏省交通运输节能减排监测及考核办法研究"等课题研究工作。

- **科研合作与交流**

2010年,长江航务管理局加大与行业内高等院校、科研机构等单位的交流与合作,积极组织开展了重大科技项目联合申报、联合攻关。联合大连海事大学、交通运输部水运科学研究院等单位向科技部申报了"内河航运综合信息服务关键技术研究及长江航运规模示范应用"国家级科技项目。组织局属各单位以及武汉理工大学、中交水运规划设计院等多家行业科技单位,联合向交通运输部申报了"长江黄金水道通过能力提升技术研究"重大科技专项以及一批重点研发方向科技项目。

长江航务管理局还组织召开了"数字长江"发展研讨会和"数字长江"发展论坛。深化与荷、德等欧盟国家的合作交流,邀请国外同行考察长江航运信息化建设,交流RIS等信息技术在内河航运管理和服务方面的应用推广。积极选派人员,重点就中荷内河综合信息服务技术交流,前后分三个批次共10人,赴国外考察或进修学习。并组团参加了"中德荷三国内河危险品运输管理研讨会"。

- **科技成果转化和推广应用**

"三峡水库正常运行期变动回水区航道维护尺度及措施研究"项目研究成果开始应用于变动回水区航道维护,该段航道维护尺度得以较大幅度提高,经济及社会效益显著。"提升长江干线泸渝段航道等级研究"为泸渝段航道的规划、建设提供了技术支撑,成果具有创新性。"长江航道浮标航标灯碰损防护对策与装置研究"项目有效地解决长江浮标航标灯碰损问题,对长江全面应用太阳能一体化航标灯具有重要的推动作用。"三峡库区航运安全虚拟现实仿真系统研究”实现了三峡库区重点航段的可视化3D视景船模拟仿真及船—船避碰、船—岸(物)避碰模拟仿真,为推进三峡库区航运数字化、智能化建设,推动船舶航行安全保障技术的全面提升奠定良好的基础。

### 4.4.2 信息化

2010年,长江航运一系列信息化工程建设项目竣工投入使用,在公共信息平台安全监管、通信与信息网络、数字航道、航运管理等方面信息化的深入应用发挥了重要支撑作用。

- **公共信息平台**

长江航务管理局稳步推进“长江航运物流公共信息平台”建设前期工作,在实现长江航运综合信息资源共享、建立信息交换机制、促进信息资源整合、互联互通等方面,与中国长江航运集团公司、民生实业集团有限公司、武汉港务集团有限公司、重庆港口集团公司、南京港股份有限公司等5家长江干线沿江重点港口航运企业,分别签订了长江航运物流公共信息平台共建意向协议书。交通运输部正式批复同意在长江干线实施长江航运物流公共信息平台建设试点工程立项,工程建设进入实施阶段。

重庆航运交易所9月挂牌成立,12月1日正式入驻寸滩保税港区。航交所门户网站、船舶交易平台、航运人才交流平台、航运货运交易平台均已投入运行,为实现网络化航运交易提供了基础条件。并与上海航运交易所在船舶交易服务平台信息系统实现数据互联互通。

武汉交通委员会积极推进武汉新港信息化平台建设。目前,正在进行武汉新港物流信息发布平台建设,主要包括电子航道图、港口图,航道、港区、重点水域视频监控系统,船舶信息管理系统,海事搜救信息指挥系统等建设内容。

上海市交通运输和港口管理局通过构建综合交通运输指挥调度体系,将33家市政府工作部门、运营企业和中央在沪直属机构组成综合交通运输指挥调度中心,按照“常态各司其职”和“应急集中办公”的工作模式,承担了世博期间对本市水、陆、空、铁各类交通运输资源的决策、指挥、调度、综合协调等工作,通过引入GPS、视频监控等信息化手段,建成以综合交通信息、世博交通信息应用服务、世博园区交通信息三个子平台为重点的信息化管理平台。

- **安全监管信息化**

长江干线船舶自动识别系统一期工程、长江海事救助巡航力量调度指挥系统一期工程加快建设,长江水上搜救指挥系统基本建成,并在长江武汉、芜湖、重庆等江段建成VTS系统3个、CCTV监控点200个,为500艘客渡船和危险品船安装了GPS。并启动“长江海事移动执法信息系统”(简称“海事通”)的开发,该系统将覆盖四川、湖南、湖北、江西、安徽、江苏、浙江七省和北京、上海、重庆三市,涵盖长江海事局所属各级业务单位。长江水上交通安全广播电台(简称长江水上交通台)正式运行,沿长江从四川泸州到上海设有43个地面基站,其辐射范围基本覆盖长江干线水域,为长江沿线航行船舶提供安全信息服务。

江苏境内南京、镇江、张家港 VTS 改扩建工程完工，长江江苏段实现“全程监控一体化”。“海事通”系统全面推广，OA 二期建设基本完成，网上电子政务大厅和江苏船员网开通运行，船员无纸化考试实现指纹身份认证，对外执法与内部管理信息化水平大幅提升。张家港海事局指挥中心新型 VTS 基本建成并投入试运行。该系统的规模由原来的“一站一中心”增加为“三站一中心”，系统的覆盖范围有了很大的提高，实现了福南水道、福中水道、福北水道、浏海沙水道等张家港辖区通航水域的全覆盖。处理能力由原有的 3000 个目标提高到 10 万个目标，几乎是原有目标的 35 倍。新系统的定位精度由原有的 25 米精确到 12 米；目标的分辨率由原有的 50 米提高到 20 米以内；系统的核心部分——雷达数据跟踪和显示系统均采用双冗余备份设计，保证了系统 24 小时运行。综合显示系统由 10 块 67 寸的 DLP 显示屏无缝拼接而成，能够显示 VTS 雷达信息、CCTV 图像视频信息、“海事通”传输信息等各类海事执法信息，便于指挥员快捷、直观了解各类信息并做出正确的指挥。沙盘推演指挥系统，采用卫星图片按照 1∶7500 的比例同比例缩小的方式进行制作，能够清楚地标示辖区的重点监管区域和重点监管对象，直观、形象地再现辖区全貌。

- **通信、信息网络**

建成了武汉至南京数字传输系统工程，其中长江干线光缆线路路由长度为 832.2 公里，引接段路由 78 公里，支线路由 80 公里，相应建设了武汉、鄂州、黄石、阳新、九江、彭泽、东至、池州、安庆、铜陵、芜湖、马鞍山、南京等 13 个光传输站。建设了长江航运通信南京至上海 10G 数字传输系统，光缆总长度 1559.2 公里，其中干线 1379.2 公里，用户引接段 180 公里，相应建设了南京、镇江等 14 个光传输站；建设了南京、镇江、常州、太仓、常熟、张家港、江阴、南通、泰州、扬州、苏州、海安、六合、上海等地用户的入网设施。

长江航道信息系统二期工程通过竣工验收，实现了长江航道局机关和长江干线下属 13 个二级单位的广域网互联互通，建成了“6 库 1 平台，2 系统 1 网站”，即航道基础资料数据库、助航设施数据库、船舶机务数据库、测量数据库、生产计划数据库、综合管理数据库等基础数据库；长江干线航道数据处理平台；航道船舶机务管理系统、航道生产基建计划管理系统，长江航道外网网站。作为长江航道信息建设的基础性工程，该工程的竣工将为长江航道的数字化发展提供信息网络平台和业务整合平台。

- **数字航道**

长江南京至浏河口段数字航道与智能航运建设示范工程通过两年的试运行，顺利通过交通运输部组织的竣工验收。工程实现了长江干线慈湖河口至浏河口 369.5 公里航道航道图数字化、航标与船舶监控实时化、信息服务网络化、船舶导航自动化。

长江干线电子航道图历时 4 年研发，于 2009 年底成功完成。2010 年，为了全面检验长江电子航道图的实际应用效果，长江航道局将 12 套长江电子航道图软、硬件设备免费提供给部分航运单位和船舶试用。根据试用的效果，长江航道局下一步将在长江全线推广使用电子航道图，并最终取代纸质航道图。

长江三峡通航管理局的长江三峡坝区河段数字航道建设工程已交工验收，工程主要建设规模为一个中心、一个平台、两个系统。即：三峡数字航道管理中心、信息基础平台、航道监测系统和公众服务系统。三峡坝区河段数字航道建设工程的交工验收使得坝区间的通航安全性得到很大的提高。

- **航运管理信息化**

中国长江航运集团公司船舶监控调度系统和物流车辆管理系统投入使用，实现了对船舶进行实时的定位与监控。通过应用船舶监控调度、物流车辆管理系统，大大提高了长江物流的整体运营能力。

### 4.4.3 节能减排

2010年，交通运输部组织开展了“车、船、路、港”千家交通运输企业节能减排专项行动，大力实施节能减排科技研发及成果推广应用，加快发展绿色航运。

（1）港口节能减排。长江干线重庆、涪陵、万州、宜昌、枝城、城陵矶、武汉、黄石、九江、芜湖、铜陵、马鞍山、南京、泰州、江阴、镇江、张家港、南通等港口生产企业用能源消耗量2010年合计为136746.98吨标准煤，完成生产量为38336万吨，生产综合能源单耗3.57，与上年同期3.32相比上升7.5%，超耗量为0.96万吨标准煤，与计划定额5.41相比下降34%，节超量为7.05万吨标准煤。

（2）船舶节能减排。以川江和三峡库区为例，随着船型标准化工作的推进，货运船舶平均吨位由2002年的301吨提高到1400吨，平均单位能耗自2002年的7.6公斤/千吨公里下降到2.9公斤/千吨公里。

（3）节能技术研发和应用。长江航道局研发的HD155型太阳能一体化航标灯被评为“交通运输行业第三批节能减排示范项目”。湖南远洋运输公司组织研究开发了“船舶航行油耗实时分析与优化系统”，经测算如果在湖南省船舶普遍推广，每年将可节约燃油24万吨左右。太湖航线目前已有千余艘船舶享受了GPS免停靠“待遇”，通过GPS定位服务终端就可以实现报港，按一艘船平均每月跑5个航次计算，每个月可节油85升。长航集团通过“在扩载中找运力，从扩拖中找拖力，降低燃油单耗”举措，通过合理的运力组织和扩载扩队试验，川江运输成本比以前降低了35%左右，船舶燃油单耗由扩队前的5.1公斤/千吨公里降为4.5公斤/千吨公里，船舶单耗下降11.8%。

# 第5章 行业发展展望

## 5.1 行业发展形势

“十二五”期间是全面提升长江航运发展实力的重要战略机遇期。一方面，长江航运业面临着贯彻落实国务院《关于加快长江等内河水运发展的意见》等促进内河水运发展的政策措施，交通运输部和沿江省市继续积极支持长江黄金水道建设，以及长江航务管理局提出的“建设长江黄金水道，发展现代长江航运”为主线、以打造“平安长江，数字长江，阳光长江，和谐长江”为根本任务、加快发展现代长江航运业等一系列机遇。另一方面也是长江航运发展的矛盾凸显期和转型攻坚期，还需要按照适度超前原则着力提高长江航运基础设施供给能力，加快转变发展方式，拓展服务领域，提高服务质量、创新能力和可持续发展能力。加快发展是“十二五”长江航运的主旋律，加快转变发展方式和结构调整是主要推进方式，打造“畅通、高效、平安、绿色”的长江航运体系是主要战略方向。

2011年，作为“十二五”开局之年，长江航运业发展面临着新的形势。

第一，贯彻落实《国务院关于加快长江等内河水运发展的意见》，加快发展仍然是长江航运业发展的第一要务。当前在加快建设步伐、强化安全监管、确保持续稳定的同时，要处理好长江航运发展与综合运输体系发展的关系，要处理好重点推进长江黄金水道建设与长江水系全面发展的关系，要处理好项目建设进度与质量、安全、环境保护的关系，要协调好航运与防洪、发电等水资源综合利用的关系。

第二，保持经济平稳健康运行和加快发展方式转变，长江航运业发展将面临新课题。在经济平稳较快增长的推动下，长江航运业仍将处于总量扩张期，运输量将继续保持平稳较快的增速。以科学发展为主题，以加快转变经济发展方式为主线，对长江航运业发展提出了新要求。港航物流的发展是转变经济发展方式的方向。长江航运业不仅要支撑经济总量的持续增长，更要通过提高效率降低运输成本，减少资源消耗，来促进国民经济运行质量和效益的提高。因此，长江航运业的发展，要处理好发展与转变的关系，以发展促转变，以转变谋发展。

第三，发展现代产业体系和坚持扩大内需与稳定外需相结合的战略，长江航运物流需求将出现新变化。产业结构的调整和优化升级，战略性新兴产业的培育壮大，制造业的改造提升，长江航运在能源、原材料等大宗物资和集装箱、重大装备运输中具有独特优势的社会化、市场化物流需求将进一步释放，先进制造业物流需求将继续是增长的亮点。随着居民消费升级和扩大内需政策的落实，长江水运与商贸服务业相关的需求有望继续保持良好的增长势头，对长江航运物流服务提出了新的更高要求。稳定外需政策效应的继续显效，集装箱出口有望继续保持增长的趋势。但外需市场复苏的不明朗等因素也将抑制集装箱运输业的需求增长。

第四，区域经济协调发展和城镇化加快推进，长江航运运输市场将形成新格局。长江干线已经成为东部、中部、西部地区之间物流的重要通道，更成为中西部地区对接海洋，实现通江达海的主通道。长江沿江省市的产业集聚和向内陆地区转移带来大宗商品、原材料流量和流向变化，与之相匹配的长江航运运输市场也将发生转移，集装箱运输向内陆腹地延伸。城镇化速度加快，以沿江沿河中心城市为核心的城市群加快发展，将促进长江航运物流集聚区形成。

第五，综合交通基础设施网络的完善和新技术应用的深入，长江航运的市场运作模式将出现新变化。多种运输方式合理分工成为可能，将会极大地改善长江航运市场运作条件，延伸长江航运服务腹地范围，干支直达、江海联运、多式联运将得到大力发展。以物联网为代表的物流信息化加快推进，“虚拟无水港”（航运“物联网”）的建设，将整合物流行业的资源，对接货主与货代、货代与船东、国内各港口、国际各港口之间的信息，使各方面信息更快更准确的流通。长江航务管理局致力于建立长江综合信息服务系统的初步探索，搭建了长江航运网，着力推进长江航运物流公共信息平台为核心的长江航运公共信息服务系统建设，有利于帮助港航企业提高运作效率、优化经营模式、节省运营成本、规范诚信建设。

第六，日益紧张的能源、资源、环境约束压力，长江航运发展方式必将实现新突破。长江黄金水道的建设和利用，要遵循“科学规划、合理布局、河道整治、生态保护、永续利用”的方针，自觉走“低碳航运”发展之路，高度重视节能减排，高度重视长江生态环境保护，高度重视水资源的有效利用。长江干线船型标准化工作正有序推进，国家将继续增加投资，引导船型标准化和提前淘汰老旧运输船舶。推广先进适用的港口装卸工艺和装备，有效降低港口生产环节的能源消耗和污染排放。加强船舶流动源污染控制，严格执行和逐步提高船舶排放标准，加快淘汰能耗高、污染重、技术落后的老旧船舶。

第七，当前我国经济社会发展中面临的各类不确定的因素将对长江航运安全生产工作带来更多新的挑战。长江航运业需要为经济社会发展、保障和改善民生提供便捷、安全、高效的交通运输，确保运输安全生产形势持续稳定好转。发展方式的进一步转变，不同运输方式将进一步有效衔接，现代技术在长江航运业加快应用，航运基础设施建设仍将保持较快的发展势头，船舶吨位大量增加，要求长江航运运输安全生产工作要进一步拓宽安全监管覆盖面，实现由单一监管到综合监管的转变，建立安全监管全天候、全方位、全过程无缝衔接的新模式。同时，非传统安全压力对长江航运安全生产工作提出了新的挑战。近年来，气候变化异常，极端自然灾害频繁，给水上运输安全生产带来了极大影响。目前，我国正处于社会转型期，影响经济安全和社会稳定的因素很多，长江航运安全生产工作面临着潜在风险和现实威胁，这就要求我们加强对非传统安全形势的研判，加强防范措施，提高应对各类突发事件的能力，最大限度地减少非传统安全带来的不利影响。

## 5.2 建设发展重点

未来5到10年将是加快长江航运基础设施建设的黄金发展期。从国家和沿江各省市"十二五"内河水运规划、已经出台和即将推出的政策来看，资金投入和建设规模将再上新台阶。2011年是实施"十二五"规划的初始之年，长江航运行业主管部门将深入贯彻落实国务院关于加快长江等内河水运发展的意见，切实按照各级交通工作会议的要求和工作部署，有序启动"十二五"规划重大项目，稳步推进基础设施建设，加强安全监管和应急保障能力建设，保持长江航运良好发展势头，为实现长江航运现代化奠定决定性基础。

- **加快长江干线等高等级航道建设，改善航道通航条件**

根据即将发布的交通运输部"十二五"内河水运发展规划和《"十二五"期长江黄金水道建设总体推进方案》，加快长江干线航道系统治理，重点推进中游荆江河段航道治理工程和南京以下12.5米深水航道建设工程。推进界牌二期、马南水道、新九水道、口岸直落成洲、南京以下深水航道建设一期工程（太仓－南通）等重点项目的前期工作，加快实施沙市腊林洲守护、瓦马河段、藕池口一期、窑监乌龟洲守护、戴家洲戴家洲右缘下段守护、安庆水道、福姜沙水道双涧沙、口岸直鳗鱼沙等航道整治项目的建设，开工建设武桥水道、界牌二期、马南水道、新九水道、口岸直落成洲等航道整治工程。

推进京杭运河苏南段三级航道、杨林塘和锡澄运河、丹金溧漕河、申张线、黄浦江上游、芜申运河等长三角高等级航道网、赣江南昌至湖口段二级、湘江2000吨级、汉江兴隆至汉川段、乌江白马至河口等航道整治工程，引江济汉通航工程，赣江石虎塘、湘江长沙、湘江土谷塘、嘉陵江亭子口和草街等航电枢纽工程建设，推进岷江航电综合开发、乌江航运工程建设和金沙江石鼓至虎跳峡航运开发工程建设项目。

- **加强港口公共基础设施建设，完善港口功能**

推进上海国际航运中心和长江上游重庆、长江中游武汉的航运中心建设，将加快推进上海国际航运中心启动港退税、报检报关"一单两报"等创新试点和武汉新港、重庆港在建项目建设，加快发展航运服务业。推进江苏沿江港口物流业发展，实现太仓港集卡"双重运输"以及南京港物流园区建设，着力拓展港口物流的增值功能、供应链功能和配送功能。

科学合理地使用港口岸线资源，加快主要港口规模化、专业化港区建设，重点建设芜湖港储配煤码头、马鞍山人头矶港区一期、南昌港龙头岗港区、武汉80万吨乙烯码头、宜昌云池、荆州盐卡、黄石棋盘洲、长沙港凝港区三期、岳阳港湘阴港区漕溪作业区二期、两路寸滩保税港区二期、重庆主城果园二期、涪陵龙头山一期、万州新田一期、泸州港二期等重点港口项目。

- **强化保障能力建设，提高服务水平**

开展疏浚保航专业化与市场化相结合的运行机制和管理模式方案研究，继续加强长江干线航道维护，确保提高后的航道维护标准稳定运行，适时启动芜湖－南京段全年维护水深提高到9米试运行等工作。加强三峡河段通航管理，试运行三峡船闸过闸船舶吃水控制新标准。试行汉江等航道养护市场化管理。

推进九江、荆州、岳阳VTS建设工程，三峡南津关监管救助基地、长江航运公安芜湖、镇江、宜昌警备码头建设工程等重点项目前期工作；开工建设黄石VTS、重庆监管救助基地，岳阳、武汉、芜湖船舶溢油应急设备库、公安110调度指挥一期、长航公安金盾网派出所接入工程；实施三峡通航检测维修设施建设、长江水路交通应急指挥平台、航道科研实验新基地、长江干线电子航道图生产与服务系统等等重点工程。开展长江下游新型测量船、航标船、起重救捞船以及三峡库尾新型疏浚船、长江下游大型耙吸和绞吸式挖泥船的船型研究，完成库区2000立方米吸绞吸和中游2000立方米吸盘式挖泥船等航道维护船舶、中型多功能溢油回收船等船舶建造。

- **加强市场监管，提高行业管理水平**

加强交通建设市场监管，强化建设质量全过程控制，继续开展质量通病治理和水运基础设施安全隐患排查；切实加强工程建设预算执行力度，实施建设工期承诺制，确保工程进度、投资计划顺利执行和资金安全。加快推进长江水运建设市场信用信息管理系统的建设，建立完善建设工程项目、企业、执法人员基础数据库，逐步建立惩戒失信和激励守信的市场机制。

实施分类调控，优化行业结构。以液货危险品船舶运输和客船运输调控为突破口，促进行业结构优化升级，优化经营主体结构和船舶运力结构，培育水运市场。鼓励企业采取收购、并购、参股等方式实行资源整合，鼓励船舶以旧换新，提升船舶技术经济性能。开发三峡库区客滚运输市场，适度发展邮轮经济，扶持特色化运输。

通过政策引导、法规约束、措施推动，确保实现长江干线船型标准化工作的分阶段目标，组织开展川江及三峡库区标准化船型后评估研究工作，进一步丰富标准船型的实现形式，建立定期跟踪机制，进一步完善标准船型主尺度系列标准和技术方案。组织开展长江中下游现有船型比选研究，加快新船型的研发和推广应用，积极推动长江中下游船型标准化进程。

加强铁水、公水联运和船舶过闸的组织协调，全力保障抢险救灾物资、石油、矿石、粮食、农副产品、城乡居民生活必需品和其他重要物资的运输。推进内外贸引航一体化管理，加强深水航路延伸段引航服务研究。

- **提高水上安全监管和应急能力**

加强水上安全生产源头管理，严格水上安全生产准入条件，加强动态监管；强化客渡船监管，深化“平安船、放心渡”工程，实施渡口改造、渡改桥、危桥整治等项目；继续加强船公司、船舶、船员、船检管理，开展安全诚信等级评定；建立辖区危险品船舶分类数据库，强化分类监管措施和危险品船舶动态监管;继续开展涉砂船舶联合整治活动;加快构建长江干线治安防控体系。

推进内河搜救机制和能力建设,加快推进省级水上安全监管救助一体化项目建设,在汉江下游建设船舶自动识别系统(AIS),加快推进洞庭湖区、湘西区、湘南区水上交通安全救援基地和通信指挥系统建设,建成乌江彭水至龚滩等支持保障系统。

进一步建立健全应急管理机制,加强突发事件的预测预警和应急演练。全面落实安全预警机制,充分利用海事气象信息采集和海事监管现代化设备,提高安全预警信息的时效性和广泛性。以三峡库区滑坡体应急处置为重点,开展长江三峡库区地质灾害水上应急处置综合演习。

- **加强科技创新能力,推进信息化建设**

组建成立长江航运科技研发中心,发挥行业科技资源优势,抓好科技机制创新与管理模式创新。建设和完善省级搜救应急协调指挥平台、船舶交通管理系统、航道信息系统、船舶防污染系统和长江水运工程建设市场信用信息管理系统等综合服务信息系统,推进长江航运物流公共信息平台试点工程、长江干线水上应急指挥平台、三峡坝区通航管理综合信息系统、武汉新港公共物流信息交换平台等项目建设,启动西南地区交通出行信息服务中心项目、执法指挥中心信息平台等信息化项目建设。

- **推动节能减排,构建绿色长江航运体系**

加快"绿色航运"课题研究和实践,推进绿色航运示范区建设。加强航运资源保护,科学合理地使用港口岸线资源。健全水运节能减排监测和考核体系,推广应用节能环保技术。

## 5.3 市场前景分析

随着国家加快长江等内河水运发展战略的实施,将进一步推动形成航道、港口、船舶和支持保障系统协调发展、功能完善、技术先进、运转高效的现代长江航运体系。产业结构布局的优化将带动货流进一步向沿江沿河聚集,长江航运的发展空间将更为广阔。2011年,长江黄金水道的主通道作用将得到进一步加强,原材料、矿建材料及产成品运输对航运服务的需求将持续增长,市场前景总体乐观,长江航运景气状况可望保持平稳、略有上升的趋势,市场运价行情仍将呈现阶段性震荡的特点,长江干线货物通过量和港口货物吞吐量仍将保持稳步较快增长的态势,但增速逐步放缓。预测长江干线货物通过量将达到16亿吨,同比增长7%,港口货物吞吐量超过17亿吨,同比增长12%。

- **煤炭水运量将继续保持较快增长**

未来10年我国将致力于调整以煤为主的能源结构,增加清洁能源比重,电煤需求将经历先升高后降低的过程。但"十二五"期间,我国仍将处于城市化、工业化的快速发展过程中,这决定我国能源需求仍然会保持较快的增长速度,能源替代需要有一个过程,以电煤为主的能源消费需求近期仍将保持高位。

长江水运是煤炭调运的重要通道，承担了沿江发电企业生产所需83%的电煤。长期以来，长江水运煤炭流向分为4大块："三口一枝"铁水中转煤炭（均为下水运输），云、贵、川和渝地方煤炭下水运输，北方海港煤炭进入长江（均为上水运输），京杭运河煤炭进入长江。近两年来，随着我国煤炭产量多元化格局的形成，长江航运的快速发展，"海进江"和云、贵、川、赣、渝等省市煤炭的沿江销售量逐年增加，长江干线的煤炭运输一直保持平稳增长态势，缓和了煤炭供求关系。

目前，各主要与煤炭相关的长江水上运输通道都在加紧规划建设，并已经进入实际推进阶段。京杭运河山东段和苏北段航道正积极推进扩能改造工程，裕溪口、枝城、武汉等煤炭配送中心的建设。航道通过能力的拓展及煤炭配送能力的提升将进一步促进长江水运煤炭运输的增长。

国民经济的平稳运行，煤炭需求的增长为水运提供了充足的货源保障。虽受加快经济结构调整、抑制高耗能产业过快发展等因素影响，2011年煤炭需求增长将会有所放缓，但沿江省市国民经济继续保持快速增长势头，煤炭消费需求仍将保持高位。2011年，长江干线煤炭运输总体表现平稳增长的良好态势，海进江煤炭和京杭运河煤炭所占市场份额将继续上升，华东沿海地区煤炭进口仍有一定的增长空间，裕溪口、枝城等煤炭发运量总体有所上升，云、贵、川江煤炭下水运输量在2010年较大幅度的增长基础上将继续保持高位。2011年，长江干线煤炭运输量预计增幅将达到10%左右。

- **矿石、矿建、钢铁、水泥等水运量将保持适度增长**

2011年，尽管在调整产业结构、控制不合理钢铁产能、节能减排等政策方面仍将加大力度，但2011年长江沿江省市经济增长速度仍将保持高位，同时2011年为"十二五"规划的第一年，将加大对保障性住房、农村水利交通、城镇公益性基础设施的支持力度。在此拉动下，预计矿石、矿建材料和钢铁、水泥等运输需求相比2010年仍将保持适度的增长。

住房和城乡建设部已将2011年的保障性住房建设目标提高至1000万套，同比增加72.4%，这样的建设量足以抵消商品房建设的放缓，加上建材下乡范围的扩大和不断增长的基础设施投资，将会拉动水泥、钢材等基础建材产品的新增需求，钢材需求增长的态势也将带来铁矿石需求的新增。长江沿线地区国内矿石产量较低，供应主要依靠进口矿石，考虑铁矿石价格的变动，预计2011年金属矿石吞吐量增幅在15%～18%。

- **外贸集装箱运输量谨慎乐观，内贸集装箱运输量快速增长**

2011年世界经济总体上将延续复苏态势，特别是新兴市场和发展中国家经济增长仍比较强劲，国际集装箱市场总体趋稳，运输量将保持小幅增长，但由于欧洲债务危机、贸易摩擦等因素，增加了外贸的不确定性，劳动力涨价、出口退税、汇率变动等因素的叠加，可能导致进出口增幅逐步收窄。受沿海产业转移的影响，长江沿线适箱货源将有较大幅度增加，长江港口集装箱吞吐量有望持续快速增长。预计外贸、集装箱吞吐量同比分别增长18%、20%。

# 第二篇　专题报告

# 专题1 长江航运“十一五”建设回顾和“十二五”展望

“十一五”时期是长江航运业发展最快、发展质量最好、服务水平提升最显著的时期。这一时期，交通运输部与沿江七省二市建立了合力发展协调机制，成功实施了《“十一五”期长江黄金水道建设总体推进方案》，不断加快发展方式的转变和结构调整，加快基础设施建设，实现了长江航运业的全面快速增长，为国民经济和社会发展作出了应有的贡献。

## 一、“十一五”建设回顾

“十一五”时期，长江航运业累计完成水运基础设施建设投资达1125亿元，是“十五”期间投资完成额的3.5倍。投资总量持续扩大，投资结构不断优化，重点建设成效显著，水运基础设施更加完善，服务经济社会发展全局的能力大幅提升。

### (一)长江干线航道及支持保障系统建设

“十一五”期间，长江干线航道及支持保障系统建设累计完成投资126.5亿元，为“十五”期投资的1.5倍。成功实施了一批航道整治工程，基本建成了水上安全监管和搜救应急反应体系，完善了治安防控体系，服务保障能力快速提高。

航道建设以改善通航条件为目标，完成投资45.3亿元，“深下游、畅中游、延上游”全面启动。“延上游”方面，实施了泸渝段、叙泸段一、二期等项目，在三峡水库先后实施了库尾炸礁、航标迁建、淹没复建等工程；“畅中游”方面，先后实施了枝江~江口、沙市、瓦口子、马家嘴、周天、碾子湾、窑监、界牌、陆溪口、嘉鱼~燕窝、戴家洲、罗湖洲、牯牛沙、武穴等14个整治项目；“深下游”方面，实施张南、马当、东流、黑沙洲、江乌、土桥以及太子矶、拦江矶炸礁等建设项目。通过“十一五”期建设，干线航道通航条件明显改善，上游通过能力提高8倍，中游通过能力提高50%~100%，下游深水航道建设成效显著。

“十一五”期间，成功实施了长江口12.5米深水航道治理三期工程并延伸至太仓。1998年1月27日，长江口深水航道整治一期工程开工，到2000年3月完成，总投资30.9亿，航道水深增深到8.5米；二期工程于2002年4月开工，2005年3月完成，总投资57.1亿，航道水深由8.5米增深到10米；三期工程2006年9月开工建设，总投资约44亿元，2010年3月14日实现12.5米航道水深的目标。

海事建设(含通信建设)以完善监管和救助手段为目标，完成投资12.8亿元，着力推进搜救系统、防污染及安全监管系统建设。搜救系统方面，建成长江海事救助巡航力量调度指挥系统一期工程和监管救助基地（站）工程；防污染系统方面，建成三峡库区船舶污染防治一期工程，启动中游船舶污染防治系统工程；安全监管方面，建设了三峡库区重庆段一期、芜湖马鞍山、芜湖铜陵、宜昌、安庆 VTS 及荆州交管工程，干线安徽段将实现 VTS 全覆盖。

三峡通航建设以适应三峡工程建设为目标，完成投资 4.4 亿元，重点加大了三峡通航、水上安全及其他支持保障系统设施的建设力度。建成三峡枢纽航运配套设施工程和三峡坝区通航船舶服务区待泊锚地建设工程，满足了三峡工程 156 米蓄水以来待闸船舶锚泊需求。目前正加快推进长江三峡—葛洲坝船舶监管系统、长江三峡河段数字航道建设、三峡通航检测维修设施建设、三峡坝区监管救助基地和长江三峡坝区船舶污染防治一期等工程项目建设。

公安建设以提高治安保障能力为目标，完成投资 5.0 亿元，重点加大监管指挥和业务用房建设力度。建成了长江航运公安金盾信息网、长江航运公安局 350 兆赫警用无线通信系统，完善了基层业务用房及办公条件，消防、警卫专用船舶数量有所增加，水域巡逻范围基本能够覆盖整个长江沿线。

### （二）长江港口及水系支流航运基础设施建设

长江港口及水系航运基础设施共完成投资 1098.3 亿元，约为“十五”期投资的 4.1 倍。其中，上游片区（云南、贵州、四川、重庆）四省市完成投资 229.5 亿元，约为“十五”期的 3.5 倍；中游片区（陕西、湖南、湖北、江西）四省完成投资 173.0 亿元，约为“十五”期的 3.5 倍；下游片区（安徽、江苏、浙江、上海）四省市完成投资 696.9 亿元，约为“十五”期的 4.6 倍。长江港口及水系支流航运基础设施重点工程如表 1 和表 2 所示。

长江水系重点港口工程概况　　表 1

| 省　份 | 重点工程概况 |
|---|---|
| 云南 | 建成金沙江水富港扩建工程。 |
| 贵州 | 建成大乌江码头淹没复建工程，开工建设乌江彭水下塘口码头以及乌江航运建设工程中的部分港口建设项目。 |
| 四川 | 建成泸州港多用途码头二期工程、宜宾港志城作业区一期工程；开工建设泸州港多用途码头二期续建工程、广安航运建设工程广安港建设项目。 |
| 重庆 | 建成主城港区寸滩作业区二期工程、两路寸滩保税港区一期工程、主城港区果园作业区一期工程、涪陵黄旗集装箱码头一期工程等；主城港区东港作业区一期工程进展顺利；开工建设万州港区新田作业区一期工程。 |

续上表

| 省份 | 重点工程概况 |
|---|---|
| 湖南 | 建成岳阳港城陵矶港区(松阳湖)一期工程、长沙港霞凝港区二期工程、湘潭港河西中心港区一期工程、沅陵港客运综合码头工程、益阳港千吨级码头工程等项目;开工建设长沙港霞凝港区三期工程、衡阳港松木港区一期工程、株洲港铜塘湾港区一期工程等项目。 |
| 湖北 | 武汉新港建成阳逻集装箱二期、葛洲坝水泥配套码头、武钢江北深加工基地码头等10个项目;80万吨乙烯配套码头一期、金口重件多用途码头、花山码头一期等30个项目建设进展顺利;开工建设阳逻集装箱三期、鄂州三江港区物流园及配套长江码头、华中钢铁交易物流中心等19个项目。宜昌港建成枝城港区配煤中心配套工程项目、主城区云池作业区一期工程、三峡翻坝转运滚装码头等;开工建设宜昌三峡物流园、主城港区古老背作业区综合码头工程、太平溪新港一期工程等。荆州港建成港盐卡二期多用途码头;开工建设斗湖堤港区朱家湾综合码头工程。黄石港建成黄石外贸码头改扩建工程,棋盘洲新港区一期工程进展顺利。 |
| 陕西 | 建成汉江喜河库区曾溪左右岸码头、流水镇货运码头、紫阳港(扩建)工程、黄河白云山码头和乾坤湾码头等项目。 |
| 江西 | 建成九江港城西港区国际集装箱码头、上饶国际物流中心(无水港);赣江吉安石溪头货运码头、新干港河西综合码头工程进展顺利;开工建设九江港湖口港区船台和码头扩建项目、九江港彭泽核电厂大件码头等工程。 |
| 安徽 | 建成芜湖港朱家桥集装箱码头、安庆港18号码头改建工程、合肥港综合码头一期工程、巢湖港巢城港区一期工程等项目;安庆港长风港区一期工程、安徽舒美特化纤综合专用码头工程进展顺利;开工建设马鞍山人头矶港区一期工程。 |
| 江苏 | 重点建设苏州港太仓港区10万吨级远洋集装箱码头泊位,南京、镇江、南通5万吨级集装箱泊位,南通狼山、苏州太仓15~20万吨级铁矿石码头,镇江、南京5~10万吨级专业化散货泊位等大型专业化码头工程,5年来江苏沿江港口共新增万吨级以上泊位152个(其中5万吨级以上泊位66个),万吨级以上泊位数已达到366个(其中5万吨级以上泊位103个),总能力达到8.7亿吨。 |
| 浙江 | 建成嘉兴内河港多用途港区工程、湖州安吉川达物流集装箱码头工程。 |
| 上海 | 建成洋山港二期、三期工程、罗泾港二期工程、外高桥六期工程等项目。 |

长江水系重点航运工程概况　　表2

| 河　流 | 重点工程概况 |
| --- | --- |
| 金沙江 | 金沙江上游梯级库群、航运基础设施建设工程前期工作顺利开展。 |
| 乌江 | 乌江黔境段乌江航运建设工程进展顺利，将按四级航道标准整治构皮滩、思林、沙沱、彭水四个水电站库区变动回水段航道共84公里，整治滩险68处，并建设航运支持保障系统。渝境段完成了乌江龚滩至彭水支持保障系统建设。 |
| 嘉陵江 | 嘉陵江川境段渠化进程快速推进，建成或基本建成金银台、新政、金溪、青居、小龙门、沙溪、凤仪场等7级枢纽，苍溪、亭子口等2个航电枢纽工程进展顺利。渝境段草街航电枢纽工程基本建成，草街航道整治二期工程通过节点工程验收，实现半幅通航。 |
| 三峡库区支流 | 建成大宁河河口至水口航道综合整治利用工程、童庄河航道整治工程；青干河、九畹溪、咤溪河和黄柏河航道整治工程即将启动 |
| 湘江 | 建成株洲航电枢纽工程、洞庭湖区益阳至芦林潭航运建设工程等项目；长沙综合枢纽工程、华能湘祁水电枢纽工程、湖南省水上交通支持保障系统工程等项目进展顺利；开工建设株洲至城陵矶段2000吨级航道建设工程、土谷塘航电枢纽工程等项目。 |
| 汉江 | 汉江陕境段建成汉江漩涡至安康航运建设工程尾留工程、江喜河库区航运建设工程等项目。鄂境段建成崔家营航电枢纽；汉江下游航道整治工程、兴隆水利枢纽工程建设、引江济汉通航工程进展顺利；全面启动长江—江汉运河—汉江千吨级航道圈建设。 |
| 赣江 | 建成樟树至南昌94公里三级航道整治工程、赣江东河南昌至瓢山87公里四级航道整治工程等项目；南昌至湖口156公里二级航道整治工程、石虎塘航电枢纽工程等项目进展顺利。 |
| 合裕线 | 建成裕溪口复线船闸工程、一类渡口视频监控系统、南淝河水上安全交通管理系统。 |
| 长江三角洲水网 | 京杭运河苏北段湖西航道一期工程开工，徐扬段续建二期整治工程完工；苏南段全线实施“四改三”，基本建成无锡段，正加快建设镇江、常州和苏州段航道；浙江段“四改三”航道整治工程进入建设阶段。建成或基本建成黄浦江（分水龙王庙至大泖泾河口）、苏申外港线上海段、杭申线上海段、申张线苏州段、锡溧漕河一期、大芦线一期、赵家沟等航道整治项目工程；长湖申线航道扩建工程、申运河航道整治工程、湖嘉申线嘉兴段一期工程等项目进展顺利；开工建设锡澄运河、连申线东台至长江段、黄浦江上游航道整治工程和钱塘江中上游航运复兴工程等项目。 |

## 二、"十二五"展望

"十二五"期间是深入贯彻落实科学发展观、全面建设小康社会、积极构建和谐社会的关键时期,也是建设和发展长江航运的重要阶段。尤其是2011年初国务院正式颁布了国发2号文《关于加快长江等内河水运发展的意见》,长江航运将进入新一轮大建设、大发展、大跨越的历史机遇期,大力构建畅通、高效、平安、绿色的现代化内河水运体系将是"十二五"期长江航运发展的主要任务。

一是推进以国家高等级航道为重点的航道体系建设,构建长江水运大通道。

按照内河水运"十二五"规划、《全国内河航道与港口布局规划》以及《长江干线航道总体规划纲要》的要求,加快长江干线航道治理步伐,上游1000吨级航道延伸至水富,适时实施三峡水库库尾航道整治;中游实施荆江河段河势控制和航道治理工程,全面改善通航条件;下游加快实现航道规划标准,使干线航道总体上提前实现2020年航道规划目标。

长江重庆以上全面达到Ⅲ级航道标准,涪陵至城陵矶河段水深提高到3.5米,城陵矶至南京河段全面达到规划尺度标准,南京以下结合长江口三期工程进展,加快12.5米深水航道向上延伸到南京的进程,三峡葛洲坝两坝间航道条件得到初步改善,通航流量明显提高。干线航道通过能力显著提升,万吨级船队通达重庆,4万吨级船队和5000吨级船舶可通达武汉,1000吨级船舶通达水富。

加快实施岷江、嘉陵江、乌江、汉江、江汉运河、湘江、沅水、赣江、信江、合裕线等航道建设工程。大力推进京杭运河和长江三角洲高等级航道网建设。

二是推进港口专业化、规模化、现代化建设,构建长江水运综合物流枢纽。

进一步提升港口建设理念,按照港口、物流和产业三结合的原则,加快长江主要港口和部分地区重要港口的专业化、规模化、现代化建设,并依托港口科学规划建设物流园区和海关特殊监管区域,拓展港口配送、加工、商贸、金融、保险、船舶贸易、航运交易等现代综合服务功能,同时,积极促进长江港口与高等级公路、铁路的无缝衔接,完善港口集疏运体系,发展多式联运,延伸港口服务腹地范围,充分发挥港口物流枢纽作用。

四川省着力建设泸州、宜宾、乐山、广安、南充和广元等"六港",基本建成现代化综合港口。重庆市重点推进主城果园、涪陵龙头山、万州新田、主城东港、黄谦、永川朱沱、忠县新生、江津仁沱等铁公水联运的枢纽型港口物流园区建设,逐步形成以"九港"为主导的长江上游最大港口物流枢纽,基本建成长江上游航运中心。湖南省以岳阳、长沙、湘潭、株洲、衡阳、常德和益阳等"七港"为重点加快推进港口建设。湖北省依托港口物流优势和临港产业特色,建设武汉长江中游航运中心五大港口枢纽(即武汉新港、宜昌港、荆州港、黄石港和襄樊港),构建六大物流中心(即武汉阳逻集装箱中转物流中心、宜昌云池集装箱中转物流中心、荆州盐卡集装箱中转物流中心、黄石棋盘洲件杂及干散货中转物流中心、襄樊六两河件杂及干散货中转物流中心和鄂州五丈港物流中心)。江西省重点建设九江、南昌港,兼顾鄱阳湖生态经济区港口群的建设,建成一批集装箱、多用途、散货等专业化泊位。安徽省着力打造皖江港口集群工程，依托芜湖港、合肥港、马鞍山港、安庆港、蚌埠港发展区域性物流中心。江苏省着力强化沿江港口资源整合，结合干线航道网升级改造，积极推进港口航道同步建设，大力发展“等级标准化、布置集中化、作业机械化”的现代化内河作业区，推进内河港口规模化发展。上海市以加强航运服务功能性建设为着力点，继续推进国际航运中心建设。

三是推进安全监管和应急救助能力建设，构建平安高效的支持保障体系。

加快建设长江干线全方位覆盖、全天候运行、具备快速反应能力的现代化水上安全监管和应急救助体系，加强三峡坝区等综合基地建设，完善长江干线基地、站点布局和功能，总体实现监管现代化、反应快速化、管理信息化、执法规范化，人命救助和应急快速反应能力不断提高，初具立体搜救能力，应急到达时间港内不超过 15 分钟、港外不超过 30 分钟；干线重点水域 VTS 基本覆盖，船舶 AIS 系统覆盖全线，救助船达到 5000 吨级救助能力（与社会力量联合达到 10000 吨级）；干线防污应急设施初具规模，库区及重点防污染水域达到一次性清除 500 吨（其他重点水域 200 吨、一般水域 100 吨）溢油应急能力；引航基础设施得到完善，引航服务能力明显提升；干线治安防控系统覆盖面不断扩大，重点责任区赶赴时间不超过 60 分钟；安全、畅通、和谐、高效的现代化三峡通航服务和管理体系基本建成，达到国际先进水平，通航效率和安全性明显提升，货船平均待闸时间不超过 5 小时，三峡、葛洲坝客船平均待闸时间分别小于 2 小时和 1 小时；航道助航设施现代化水平显著提高，科研设施和手段明显改善；船艇现代化水平显著提升，总体适应生产维护、巡航监管和突发应急工作要求。加快推进长江水系主要支流、长江三角洲水网、京杭运河及重点湖区的支持保障系统建设，全面提升水上安全监管与应急救援能力。

四是推进长江航运信息化建设，构建智能航运体系。

长江航运信息化框架趋于完善，信息服务数据网络不断完善，信息资源整合度明显提高，信息化应用效果切实显现，信息技术对长江航运服务和管理的支撑作用明显展现。“十二五”期间，长江航运将基本建成长江航运物流公共信息平台，并发挥较好作用；全线建成“数字航道”且应用广度和深度不断提高；加快“电子口岸”建设，提高口岸综合服务效率；不断完善三峡通航调度、公安金盾等业务管理应用系统；全线覆盖电子政务网络等。

（资料来源：交通运输部长江水系航运规划办公室）

# 专题 2　2010 年长江干线重点港口企业运营状况简析

2010 年,长江干线重点港航企业经营规模不断扩大,创利能力不断提高,运输生产形势趋于稳步向好,企业效益上升势头明显,但仍面临着一些问题和困难。现根据中国港口协会长江港口分会 25 家会员企业跟踪监测年度调查资料,对长江干线重点港口企业运营状况作一分析。

## 一、企业生产状况

2010 年,长江干线港口企业逐渐走出国际金融危机低谷,实现了较快增长。25 家港口企业完成货物吞吐量 5.16 亿吨,同比增长 17.02%。

**2010 年长江干线 25 家港口企业客货吞吐量完成情况**　　表 1

| | | 2010 年 | 2009 年 | 同　比 |
|---|---|---|---|---|
| 货物总吞吐量(万吨) | | 51561.21 | 44060.67 | 117.02% |
| 其中 | 煤炭及制品 | 11232.99 | 8021.58 | 140.03% |
| | 石油、天然气及制品 | 2698.68 | 2349.44 | 114.86% |
| | 金属矿石 | 16950.62 | 15551.97 | 108.99% |
| | 钢铁 | 3308.45 | 3012.27 | 109.83% |
| 外贸吞吐量(万吨) | | 9025.05 | 8711.79 | 103.60% |
| 集装箱吞吐量(万 TEU) | | 725.55 | 570.50 | 127.18% |
| 旅客吞吐量(万人次) | | 548.72 | 503.27 | 109.03% |

从全年的发展形势来看,一季度由低向上回升,二季度保持继续增长,三季度有所回落,四季度继续呈现增长高点。

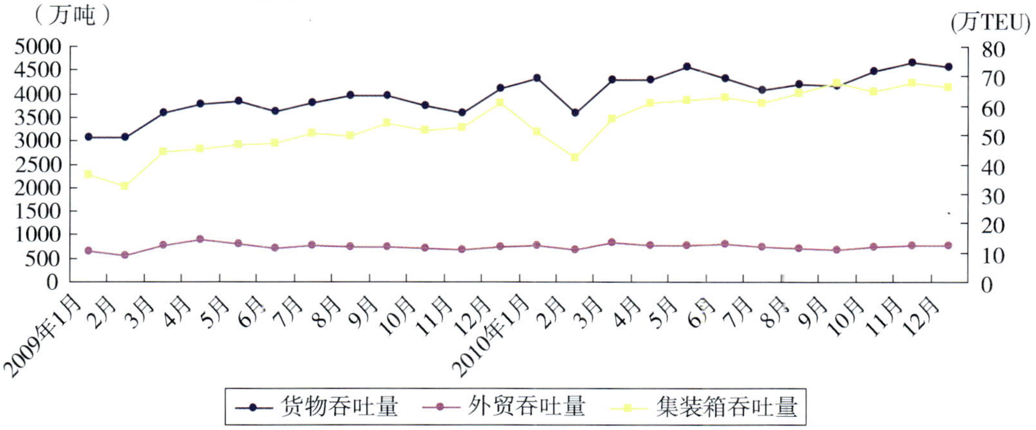


**图 1　2009～2010 年长江干线 25 家港口企业货物吞吐量分月图**

分区段来看，除四川区段港口企业吞吐量略有下降外，其他区段港口生产均有较大幅度的增长，重庆、江西、江苏三个区段增长幅度均达到17%以上。其中，湖南区段的城陵矶港务有限责任公司在2010年成功完成万吨轮到港卸载，实现单月进出港量突破100万吨大关，增长率居榜首，达107.40%。

**2010年各区段港口企业货物吞吐量及份额比较** 表2

<table>
<tr><td colspan="2" rowspan="2"></td><td colspan="2">2010年</td><td colspan="2">2009年</td><td rowspan="3">吞吐量增幅</td></tr>
<tr><td>吞吐量（万吨）</td><td>所占份额</td><td>吞吐量（万吨）</td><td>所占份额</td></tr>
<tr><td>区段</td><td>合计</td><td>51561.2</td><td>100%</td><td>44060.7</td><td>100%</td></tr>
<tr><td>四川</td><td>四川长通港口有限公司</td><td>87.1</td><td>0.2%</td><td>87.3</td><td>0.2%</td><td>-0.2%</td></tr>
<tr><td>重庆</td><td>重庆港务物流集团有限公司</td><td>3114.3</td><td>6.0%</td><td>2644.4</td><td>6.0%</td><td>17.8%</td></tr>
<tr><td rowspan="6">湖北</td><td>宜昌港务集团有限责任公司</td><td>818.2</td><td rowspan="6">10.7%</td><td>653.3</td><td rowspan="6">10.5%</td><td rowspan="6">3.3%</td></tr>
<tr><td>荆州港务集团公司</td><td>451.8</td><td>377.3</td></tr>
<tr><td>洪湖港通达实业总公司</td><td>39.4</td><td>85.5</td></tr>
<tr><td>武汉港务集团有限公司</td><td>3788.2</td><td>3002.0</td></tr>
<tr><td>黄石港务集团</td><td>331.5</td><td>321.3</td></tr>
<tr><td>武穴港务有限公司</td><td>103.3</td><td>178.2</td></tr>
<tr><td>湖南</td><td>城陵矶港务有限责任公司</td><td>602.5</td><td>1.2%</td><td>290.5</td><td>0.7%</td><td>107.4%</td></tr>
<tr><td>江西</td><td>上港集团九江港务有限公司</td><td>884.3</td><td>1.7%</td><td>745.7</td><td>1.7%</td><td>18.6%</td></tr>
<tr><td rowspan="5">安徽</td><td>安庆港远航控股有限公司</td><td>847.7</td><td rowspan="5">9.3%</td><td>865.4</td><td rowspan="5">10.2%</td><td rowspan="5">5.6%</td></tr>
<tr><td>池州港远航控股有限公司</td><td>384.8</td><td>291.7</td></tr>
<tr><td>铜陵港务有限责任公司</td><td>535.4</td><td>416.8</td></tr>
<tr><td>芜湖港口有限责任公司</td><td>1049.8</td><td>1138.3</td></tr>
<tr><td>马鞍山港口（集团）有限责任公司</td><td>1950.2</td><td>1801.0</td></tr>
</table>

续上表

<table>
<tr><td colspan="2" rowspan="2"></td><td colspan="2">2010 年</td><td colspan="2">2009 年</td><td rowspan="3">吞吐量增幅</td></tr>
<tr><td>吞吐量（万吨）</td><td>所占份额</td><td>吞吐量（万吨）</td><td>所占份额</td></tr>
<tr><td>区段</td><td>合计</td><td>51561.2</td><td>100%</td><td>44060.7</td><td>100%</td></tr>
<tr><td rowspan="10">江苏</td><td>南京港口集团公司</td><td>7302.3</td><td rowspan="10">70.9%</td><td>6012.5</td><td rowspan="10">70.7%</td><td rowspan="10">17.4%</td></tr>
<tr><td>镇江港务集团有限公司</td><td>5482.8</td><td>4218.4</td></tr>
<tr><td>扬州港务集团有限公司</td><td>2855.8</td><td>2085.9</td></tr>
<tr><td>泰州港务有限公司</td><td>4290.7</td><td>3517.7</td></tr>
<tr><td>江阴港港口集团股份有限公司</td><td>1711.9</td><td>1743.3</td></tr>
<tr><td>张家港港务集团有限公司</td><td>6210.4</td><td>5225.3</td></tr>
<tr><td>南通港口集团有限公司</td><td>5505.7</td><td>5482.5</td></tr>
<tr><td>常州新长江港口有限公司</td><td>777.8</td><td>716.8</td></tr>
<tr><td>常熟兴华港口有限公司</td><td>994.6</td><td>870.8</td></tr>
<tr><td>太仓国际集装箱码头有限公司</td><td>1440.7</td><td>1285.7</td></tr>
</table>

从货种看，煤炭生产出现大幅增长，石油、天然气及制品表现平稳，金属矿石需求波动较大，集装箱呈现恢复性快速增长。此外，外贸吞吐量受铁矿石进口增幅不大等因素影响，同比增长仅3.60%，吞吐量为0.90亿吨。

煤炭：在2月探底后，逐月走高。三季度国家宏观经济出现微调，为兑现“十一五”期节能指标，对高耗能企业实行严厉的限制措施，煤炭、矿石等大宗货物需求出现萎缩，煤炭生产出现大幅回落。10月份在冬储煤炭启动下，吞吐量增速开始反弹，12月份达年内最高水平。

石油、天然气及制品：除2月达到最低189.3万吨外，其余月份均在230万吨左右徘徊，变动不大。由于去年基数较低，且随着我国经济逐步复苏及汽车工业的迅速发展，国内油品需求逐步增大，长江油品运输市场繁荣，同比出现较大增长。

金属矿石：上半年受矿石谈判困局、铁矿石价格攀升及国内钢铁企业需求增加的多重影响，增长幅度持续震荡，增长势头不稳。下半年各地加大节能减排力度，沿江钢厂实施限产措施，金属矿石需求平缓，尤以三季度运输生产明显下滑。

钢铁：上半年增幅较大，下半年增幅放缓，甚至出现负增长，主要也是受国家宏观政策环境影响，全年运行呈前高后低态势。

集装箱：随着国内经济回升及我国外贸的强劲反弹，带动了长江港口集装箱运输市场的加快复苏，恢复到高位运行态势。全年完成吞吐量725.55万TEU，由去年同期下降3.35%逆转为增长27.18%。

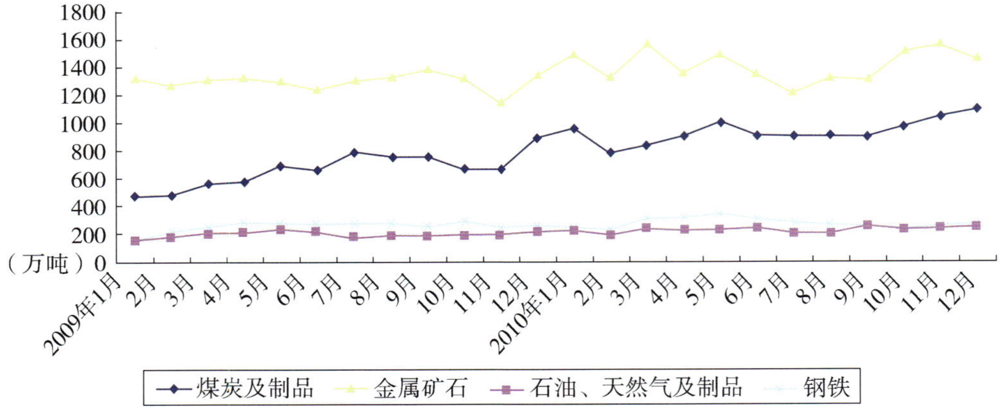


**图2　2009～2010年长江干线25家港口企业主要货种吞吐量分月图**

## 二、企业经营状况

2010年，25家港口企业总体经营状况好于2009年，其中21家实现盈利。

### （一）盈利原因分析

一是国家经济形势继续向好，港口企业吞吐量增加，导致收入增长，利润增加，部分企业经济指标再创历史新高。

二是企业不断加大投资力度，全面推进港区建设和改造项目，淘汰更新老旧设备，生产能力进一步提升，生产效率有所提高。如武汉港务集团有限公司加快推进各项建设工程，全年共完成固定资产投资5.28亿元。

三是港口企业注重寻求结合自身发展实际，开拓市场业务。宜昌港务集团在保证传统装卸业务正常运行同时，以三峡全通公司全程物流项目为业务转型的主要阵地，开展了仓单质押物流金融业务，设立港通物流公司等，为集团主业实现转型升级、铸造品牌、做大做强开辟了良好的开端。扬州港务集团有限公司大力开展集装箱业务，与太仓港结为集装箱物流战略合作同盟，集装箱箱量突破30万TEU。

四是部分企业顺利完成改制，激发新的活力。黄石港务集团2010年完成企业改制，实现利润同比增长110%，首次扭亏为盈。铜陵港务有限责任公司2010年成功实现战略重组，依靠铜化集团公司的大力支持，使拥有50多年发展史的铜陵港步入了新的历史进程。

五是港口企业安全生产局面持续向好，企业事故发生率有所降低，整体安全形势保持稳定。

六是企业注重加强内部管理，完善企业规章制度，着力提高服务水平和质量，港口“软实力”得到不断提升。

### （二）亏损原因分析

一是部分港口企业全力推进港口投资建设，负债投入较多，造成新建设项目财务费用过高，导致盈利水平下降。

二是港口企业竞争激烈，依然存在无序竞争和恶性竞争状况，长江港口行业装卸价格与沿海港口相比总体处于偏低水平。

三是后危机时代，货源市场出现大幅震荡，员工工资、原材料和燃油成本价格上涨，企业经营成本不断增加所致。

（资料来源：中国港口协会长江分会）

# 专题3 2010年长三角地区港口经济运行情况及形势分析

2010年长江三角洲地区积极贯彻落实国家关于加快推进上海国际航运中心建设等一系列文件精神,全面推进各项工作,经济社会发展取得了新的成就,国际地位进一步提升,国际竞争优势更加强化。长江三角洲地区港口(简称长三角港口)全年货物吞吐量恢复平稳快速增长,数量和增速均创历史新高;外贸货物吞吐量恢复性增长加快,增速显著提升;集装箱吞吐量恢复到高位运行态势,增速大幅提升,运价上扬,重现了“爆仓”现象;港航企业经营效益大幅回升,为加快港航发展方式转变奠定了良好基础。

## 一、经济恢复平稳较快增长,外贸呈现恢复性较快增长态势

2010年以来,随着各国政府财政刺激方案和扩张性货币政策的实施,全球经济先后走出衰退,开始复苏,进入缓慢回升阶段,经济增速达到4.8%,发展中国家特别是新兴经济体复苏力度比欧美等发达国家强劲;全年全球贸易额增长达到13%,恢复到金融危机前的水平。

我国经济保持了平稳较快的发展,全年我国完成国内生产总值397983亿元,同比增长10.3%,较上年高出1.1个百分点。上海、浙江、江苏两省一市(以下简称长三角地区)共完成国内生产总值83972亿元,同比增长13.8%,高于全国经济增速3.5个百分点。经济增速继续领先全国,经济发展趋势持续向好、质量效益显著提升、经济结构不断优化。其中,上海世博会带动效应明显,完成生产总值16872亿元,同比增长9.9%,增幅较上年提升1.7个百分点,低于全国平均水平0.4个百分点。浙江省完成生产总值27100亿元,同比增长11.5%,增幅较上年提升2.6个百分点,高于全国平均水平1.2个百分点,经济增长保持了持续向好的良好态势。江苏省完成生产总值40000亿元,经济总量在全国排名中提升为第二,同比增长17.4%,增幅较上年快速提升5个百分点,高于全国平均水平7个百分点。

我国对外贸易呈现恢复性较快增长,贸易顺差有所减少,总体向基本平衡的方向发展。2010年我国完成外贸进出口总值29727.6亿美元,同比增长34.7%,其中出口15779.3亿美元,增长31.3%;进口13948.3亿美元,增长38.7%;贸易顺差为1831亿美元,同比下降6.4%。长三角地区表现出了比全国更好的恢复性增长能力,共完成进出口总值10881.7亿美元,同比增长35.3%,高于全国平均增速0.6个百分点,外贸总量占全国36.6%,较上

年略有提升。上海市、浙江省、江苏省分别完成外贸进出口总值3688.9亿美元、2534.7亿美元、4658.1亿美元，分别居全国省市第三位、第五位、第二位，同比分别增长32.8%、35%、37.5%，均由上年的负增长转为快速增长，外贸总量和增速创历史新高，江苏省进出口和出口增幅均高于其他沿海主要省市。

## 二、运输需求恢复快速增长，水路货运量大幅提高

受国内外经济贸易加快复苏的影响，水路货运量大幅提高。2010年，全国完成水路货运量36.4亿吨，同比增长14%，增幅较上年加快11个百分点；完成水路货物周转量64305亿吨公里，同比增长11.7%。

长三角地区水路运输在全国经济和水运中的地位和作用进一步增强。2010年共完成水路货运量14.9亿吨，同比增长13.9%。其中，上海市完成3.9亿吨，同比增长2.2%；浙江省完成6.3亿吨，同比增长16.6%；江苏省完成4.7亿吨，同比增长11.6%。长三角地区完成水路货物周转量25251亿吨公里，同比增长17.0%，其中，上海市完成15820亿吨公里，同比增长12.1%；浙江省完成5471亿吨公里，同比增长30.7%；江苏省完成3960亿吨公里，同比增长17.4%。

## 三、货物吞吐量保持快速增长，创历史新高

2010年外需持续增长，煤炭、原油等战略物资储备增长放量，我国港口货物吞吐量及增速均创历史新高。全国规模以上港口完成货物吞吐量80.2亿吨，同比增长15.9%，增幅提高7.7个百分点，其中，沿海港口完成54.5亿吨，同比增长15.2%；内河港口完成25.7亿吨，同比增长17.8%。全国亿吨大港增加到22个，我国港口货物吞吐量连续7年位居世界第一，我国大陆有9个亿吨大港进入世界前20位，全国有6个港口居于世界前10位。上海国际航运中心建设取得了新的进展，服务长三角地区、长江流域和全国经济贸易的综合能力继续增强。长三角港口共完成货物吞吐量33.65亿吨，同比增长14%，增速提高4.3个百分点，占全国比重基本与上年持平，为38.5%。上海国际航运中心主体港口上海港完成货物吞吐量6.53亿吨，同比增长10.4%，增速快速提升8.6个百分点。其中，海港完成5.63亿吨，同比增长13.9%；内河完成0.90亿吨，同比下降7.4%。浙江省全省港口完成货物吞吐量11.23亿吨，同比增长8.3%，增幅较去年同期提高1.6个百分点。其中，沿海港口完成7.85亿吨，同比增长9.9%；内河港口完成3.38亿吨，同比增长4.8%。江苏省全省港口完成货物吞吐量15.89亿吨，同比增长19.5%，增速提高4.8个百分点，增速分别高于上海和浙江省港口9.1个、11.2个百分点。其中，沿海港口完成1.5亿吨，同比增长25%，内河港口完成14.3亿吨，同比增长18.2%。

2010年，长三角各个港口都取得了可喜成绩，货物吞吐量均实现了快速增长，增幅除宁波—舟山港、江阴港、常州港较上年稍有回落外，其他港口增幅均有明显提高。其中，有2个港口增幅超过30%，泰州港完成9971万吨，同比增长33.6%，苏州港完成34934.9万吨，同比增长33.5%；嘉兴港、南京港、镇江港增幅超过20%，分别完成4431.7万吨、15515.5

万吨、10633.9万吨，同比分别增长27.2%、21.0%、22.0%；上海港、温州港、南通港、连云港港、江阴港、扬州港、常州港增幅超过10%，分别完成65339.4万吨、6408.1万吨、17823.8万吨、13506.4万吨、12521.7万吨、7385万吨、3155.9万吨，同比分别增长10.4%、11.0%、10.5%、18.7%、15.5%、15.0%、16.0%。在全国22个亿吨大港口中长三角地区占9个，分别是上海港、宁波—舟山港、苏州港、南通港、南京港、连云港港、湖州港、江阴港和镇江港。镇江港首次突破亿吨，进一步增强了长三角港口群的综合实力。

### 四、外贸货物吞吐量恢复性增长，增速显著提升

2010年，全国规模以上港口完成外贸货物吞吐量24.6亿吨，同比增长13.8%，增幅较上年提高5.8个百分点，其中，沿海港口完成22.5亿吨，同比增长13.8%；内河港口完成2.1亿吨，同比增长13.6%。

长三角港口外贸货物吞吐量共完成8.37亿吨，同比增长16.2%，增幅提升10个百分点，占全国比重进一步提高，达到34%。其中，上海港完成3.02亿吨，同比增长17.1%；浙江省港口完成2.93亿吨，同比增长13.1%；江苏省港口完成2.42亿吨，同比增长18.6%。

除温州港和江阴港个别港口外贸货物吞吐量出现负增长外，长三角地区其他港口外贸货物吞吐量均有明显增长，有9个港口增速超过2008年。增幅由高到低依次为：泰州港完成802.6万吨，同比增长73.4%，成为全年长三角地区外贸货物吞吐量增长最快的港口；苏州港完成8137.3万吨，同比增长33.8%，其中，张家港港区、常熟港区、太仓港分别完成4563.1万吨、943.6万吨、2630.7万吨，同比分别增长17.1%、10.5%、97.3%；嘉兴港完成447.6万吨，同比增长27.4%；南京港完成833.2万吨，同比增长24%；扬州港完成405万吨，同比增长19.5%；上海港完成30225.3万吨，同比增长17.1%；镇江港完成1546万吨，同比增长12.8%；常州港完成341.6万吨，同比增长6.0%；南通港完成2961.2万吨，同比增长3.5%；温州港和江阴港分别完成190.3万吨、1291.8万吨，同比分别下降3.9%、24.3%。

### 五、集装箱吞吐量恢复高位运行，增速大幅提升

2010年，全国规模以上港口累计完成集装箱吞吐量14500万TEU，由上年的同比下降6%逆转为增长18.8%，集装箱吞吐量及增速均明显超过金融危机前的水平。其中，沿海完成13065万TEU，同比增长18.7%；内河完成1435万TEU，同比增长19.5%。2010年世界排名前20位的集装箱大港中我国大陆占9个，位次不断提前。

长三角港口完成集装箱吞吐量5445.3万TEU，同比增长21.3%，增幅高于全国平均水平2.5个百分点，比“十一五”预测量净增645万TEU，占全国总量比重较上年提高了0.5个百分点，达到37.6%。

上海港集装箱吞吐量创历史新高，完成2906.9万TEU，同比增长16.3%，首次超过新加坡港口（完成2855万TEU，同比增长10.4%）成为世界第一，进一步提高了上海国际航运中心的国际地位。

浙江省港口集装箱吞吐量完成1403.8万TEU，同比增长25.5%，占全省总量的

93.6%。江苏省港口集装箱吞吐量完成1134.6万TEU,首次突破千万标箱大关,同比增长29.2%,增速急剧提升25.7个百分点,增长相当强劲,增速分别高于上海和浙江港口12.9个、3.7个百分点,江苏已有4个港口突破百万标箱。

2010年,长三角地区各个港口集装箱吞吐量整体呈现出高速增长的态势,增速大幅提升。其中,1个港口增幅超过70%,嘉兴港完成35.0万TEU,同比增长73%;1个港口超过60%,常州港完成10.6万TEU,同比增长62.7%;5个港口超过30%,扬州港完成31.9万TEU,同比增长37.3%,江阴港完成101.1万TEU,同比增长34.4%,苏州港完成364.4万TEU,同比增长34.1%(其中,张家港港区、常熟港区、太仓港分别完成112.4万TEU、30.8万TEU、221.1万TEU,同比增长29.2%、同比下降7.8%、同比增长46.1%),南通港完成46.2万TEU,同比增长31.9%;4个港口超过20%,泰州港完成10.0万TEU,同比增长21.2%,南京港完成145.3万TEU,同比增长20.0%;1个港口超过10%,上海港完成2906.9万TEU,同比增长16.3%;镇江港完成30.3万TEU,同比增长7.8%。

## 六、2011年港口经济发展形势展望

2011年世界经济将继续恢复增长,但不稳定、不平衡、不确定因素仍然较多,大规模经济刺激计划的退出、主要货币汇率的剧烈波动、欧洲债务危机和剧烈的国际资本流动均可能影响全球经济复苏进程,预计2011年世界经济增长将低于2010年增速,将达到3%左右。

2011年我国继续实施积极财政政策和稳健的货币政策,大幅刺激政策作用会不断减弱,多年形成的经济体系潜能还将不断释放,各种力量动态平衡的结果将使我国经济运行恢复常态化的增势,呈现出相对平稳的特点。受世界经济环境、国内控制高耗能行业产能、房地产调控、通胀压力、经济结构调整等因素影响,经济增速将有所回调,预计全年经济增速在9.5%左右,较2010年略低。

2011年我国对外贸易将保持稳定增长,较2010年会有明显回落。"十二五"提出的内需、进口双扩容,国家争取的一些措施将有力促进进口,但人民币升值压力和国际贸易摩擦对进出口的影响不容忽视。预计2011年我国进出口总额增速在21%左右,出口增速20%左右,进口增速23%左右,整体上进口情况将好于出口。

根据上述判断,2011年我国港口经济运行仍将保持良好态势,港航生产将保持平稳快速增长,基本恢复常态化增长,但主要生产指标增速将出现小幅回调。全国规模以上港口货物吞吐量预计将完成90亿吨,同比增长12.2%;外贸货物吞吐量将达到27亿吨,同比增长10%;集装箱吞吐量将完成16500万TEU,同比增长13.8%。长三角地区全年港口货物吞吐量将达到37亿吨,同比增长10%左右;外贸货物吞吐量将达到9.3亿吨,同比增长11%左右;集装箱吞吐量将达到6300万TEU,同比增长15%左右。

(资料来源:上海组合港管理委员会办公室)

# 专题4 重庆长江上游航运中心建设发展综述

近年来,重庆市抓住长江三峡工程蓄水运行和全国内河航运大建设大发展的历史机遇,全面推进重庆长江上游航运中心建设。2009年国务院国发[2009]3号《关于推进重庆市统筹城乡改革和发展的若干意见》及2011年国发[2011]2号《关于加快长江等内河水运发展的意见》均要求加快推进重庆长江上游航运中心建设,这意味着重庆长江上游航运中心建设已上升为国家战略。

## 一、重庆长江上游航运中心的功能定位

2007年重庆市政府作出《关于充分发挥长江黄金水道作用,进一步加快建设长江上游航运中心的决定》,2008年重庆市委、市政府提出"将长江黄金水道建设成为西部内陆出海主通道"。根据长江上游航运建设发展实际及腹地经济社会发展要求,重庆长江上游航运中心建设定位为:建成具有内陆特色的长江上游航运中心,即在长江上游地区,以重庆为核心,依托稠密的集装箱班轮航线、便捷的公路网、铁路网以及运行高效的保税港区,沟通国内、国际市场,服务大西南,实现航运产业要素聚集、航运服务体系完善、航运市场繁荣规范,并以航运产业作为核心纽带,将重庆建设成为促进相关资源最佳配置,带动长江上游地区系统发展的国际化港口大都市。

在长江上游航运中心建设中,要坚持实现水运发展从传统运输业向现代服务业转变,从水运行业向水运产业转变的发展方向。一是要注重港口航道等基础设施的现代化,港口在突出规模化、大型化和机械化的同时,充分发挥物流枢纽功能,形成以港口为依托的长江上游多式联运和现代物流体系,实现港口、物流园区和临港产业的有机结合,采取渠化、整治等综合治理措施提高航道等级,实现干支联动的高等级航道体系;二是要注重运输工具的现代化,大力推进船舶标准化、大型化、专业化、系列化,旅游客船舒适化,打造一支安全、环保、载量大的全国内河技术领先的船队;三是要注重水运服务体系的现代化,及时改变服务体系滞后的局面,建设高效、便捷、人性化的服务体系,依托便捷顺畅的现代化立体集疏运系统,发展"无水港";四是要注重水运和城市发展的和谐,实现以港兴城、港城互动、绿色航运的良性发展模式;五是要注重提升水运企业综合竞争力。鼓励水运企业横向参与公路运输、产业园区等相关产业发展,纵向沿物流链向纵深发展,提升企业综合竞争力。

## 二、重庆长江上游航运中心三个阶段的发展目标

2020年前，重庆长江上游航运中心发展分三个阶段。

第一阶段，到2012年基本建成长江上游航运中心框架。重庆市港口货物通过能力达到1.5亿吨、集装箱500万标箱。五级以上航道里程达到1518公里。船舶运力达到500万载重吨，以3000～5000吨级船舶为主力船型。周边地区经重庆港中转的货物达40%。基本建成航运与口岸服务中心。水运年综合产值500亿元。

第二阶段，到2015年长江上游航运中心初步形成。重庆市港口货物通过能力达到1.8亿吨，其中集装箱通过能力700万标箱。五级以上航道里程达到1700公里。5000吨级船舶成为主力船型。周边地区经重庆港中转货物稳定在50%以上。航运服务体系基本建成。水运年综合产值700亿元。

第三阶段，到2020年全面建成长江上游航运中心。重庆市港口货物通过能力达到2.2亿吨，其中集装箱通过能力1000万标箱。5000吨级单船及万吨级船队常年通行重庆长江水域。五级以上航道达到1952公里。全面实现船舶现代化。周边地区经重庆港中转的货物达60%以上。水运年综合产值1000亿元。

## 三、重庆长江上游航运中心建设发展的重点任务

围绕形成“九港三江两网一区一船队”的重庆长江上游航运中心支撑体系，重点推进八个方面的工作。

一是充分发挥保税港区作用，形成航运高端服务区，大力引进国内外各类金融机构和跨国公司区域管理总部、结算中心、服务中心落户重庆；二是借鉴上海航运交易所和天津航运服务中心成功经验，设立重庆航运交易所，增强航运辐射和集聚能力，扩大对周边省市的辐射和对经济发展的服务能力；三是以“九港三江”为抓手，全面提升航运基础设施水平，重点建设港口、物流和产业为一体的港口物流枢纽园，加快建设以长江干线、嘉陵江和乌江高等级航道为骨架的干支联动高等级航道体系；四是充分发挥5000吨级主力船舶在长江上游地区的核心竞争力，打造长江中上游规模最大的现代化船队，形成高密度的集装箱班轮航线；五是加强综合运输体系建设，完善港口与高速公路网、干线铁路的衔接，建设深入西部内陆“无水港”，巩固和拓展航运中心辐射圈；六是以大项目、大企业、大园区为载体，加快推进临港工业基地的建设，形成沿江上下游产业布局合理、分工协作的临港产业带；七是促进贸易中心、金融中心形成，与航运中心形成良性互动，实现贸易中心、金融中心和航运中心三位一体共同发展；八是加快航运人才培养，形成多层次航运人才培育体系，使重庆成为国际国内航运人才高地和集散中心。

## 四、重庆长江上游航运中心建设成效及存在的问题

在各级组织的支持下，重庆长江上游航运中心建设得到加快。近年来，上游航运中心建设发展取得了明显成效。

（一）航运基础设施日臻完善，航运中心建设全面提速

重庆境内长江干线航道已提高到一级标准，5000 吨级单船和万吨级船队可直达重庆。2006 年以来重庆市水运建设累计完成投资 145 亿元，相继建成以寸滩为代表的一批 5000 吨级大型化、专业化、机械化码头，港口货物通过能力比 2005 年新增 6392 万吨，新增集装箱码头吞吐能力 175 万 TEU。到 2010 年底，全市货物吞吐能力达到 1.3 亿吨，集装箱码头吞吐能力 200 万 TEU。嘉陵江、乌江等航道建设加快推进。货运船舶平均吨位由 2005 年的 738 吨增加到 1637 吨。普通客运船舶已逐步被一批具有国际品质的内河豪华邮轮替代，最大的豪华邮轮吨位已达到 1 万总吨。重庆已成为长江上游唯一拥有 Ⅰ 级航道、5000 吨级深水码头、水运一类口岸和保税港区的地区。航道、港口、船舶等航运要素的相对高度集聚，使重庆在西部地区正逐步成为准沿海城市。

（二）重庆港已成为长江上游地区最重要的枢纽港和内陆开放高地的重要窗口

重庆港口已成为长江上游地区外贸物资运输的主要依托，90% 以上的外贸物资通过水运完成，周边省市中转量占全港货物吞吐量的 35%。2010 年重庆市水运货运周转量占综合交通比重达到 60.68%；全市水运完成货运量 9660 万吨，是 2005 年的 2.5 倍；货运周转量 1219.27 亿吨公里，是 2005 年的 3.1 倍。其中，集装箱运输量 72.45 万 TEU，是 2005 年的 1.8 倍；煤炭运输量 2556.97 万吨，是 2005 年的 2.5 倍；载重汽车滚装运输量 16.44 万辆，同比下降 27.82%，是 2005 年的 1.2 倍；商品汽车滚装运输量 24.22 万辆，同比增长 1.80%，是 2005 年的 2.3 倍。

（三）水运节能减排成效显著，引导运输向低碳模式发展

集装箱、化危品、滚装汽车和豪华邮轮等专业化运输船舶得到快速发展，标准化船舶数量由成库前的 5% 提高到 35%、货运船舶 1 千瓦载运能力由成库前的 1.5 吨提高到 2009 年的 6 吨，平均单位能耗由成库前的 7.6 千克/千吨公里下降到 2010 年的 2.8 千克/千吨公里，降幅达 63.16%，居全国内河领先水平。按 2002 年燃油单耗水平计，2010 年重庆水运行业仅货运船舶共节约燃油约 57 万吨，节油效益达 45 亿元，减少二氧化碳排放 150 万吨、碳氢化合物 1.4 万吨。

（四）水路运输安全稳定形势持续向好

2003 年以前川江重庆段是全国水运安全四大重灾区之一。据统计，1995 年至 2003 年重庆水运海损事故平均每年死亡人数 100 人左右，约占全国同类事故死亡总数的 20%。2003 年以来重庆水上安全形势逐年好转并总体趋于稳定，2003 年 6 月以来已连续 91 个月未发生一次性死亡 10 人以上的水上交通事故，年均死亡人数下降到 20 人以内，同时长江水运对抢险救灾、应急救援的作用也日渐凸显，在“5・12”汶川特大地震和抗击雨雪冰冻灾害中发挥了重要作用。

存在的主要问题：一是港口功能单一，不能适应发展需要，多数港区还是以单一的装卸、转运和存储为主，缺乏金融、加工、商贸、配送等高附加值服务功能，港口同物流、产业

“三结合”的发展模式还未形成；二是多式联运尚未形成规模，公路、铁路、水路各种运输方式之间尚未有机衔接，长江黄金水道作用的优势未能充分发挥；三是建设成本高，市场融资难度大，受三峡水库大水位落差和地质地形条件复杂的影响，重庆建设同规模港口，造价约为沿海及长江中下游地区的4～5倍，且三峡库区产业基础相对薄弱，通过社会融资难度大；四是水上安全隐患仍然存在，安全监管、应急救助等水上安全管理的设施设备及物资储备不足，水上救援力量薄弱，技术水平仍然较低。

## 五、重庆长江上游航运中心“十二五”期发展重点

“十二五”期是内河航运发展的历史机遇期，也是重庆长江上游航运中心建设发展的关键时期。在“十二五”期内，重庆长江上游航运中心建设应该完成前两阶段的目标，为此，“十二五”期重点推进以下工作。

### （一）航道

构建以长江、嘉陵江、乌江“一干两支”为骨架的航道网络体系，基本实现“干支联动”。推进长江干线航道建设，重点实施嘉陵江利泽航电枢纽、草街至河口段航道整治工程；乌江银盘、白马通航建筑物工程，河口至白马、银盘库区、彭水库区航道建设工程；大宁河、抱龙河等三峡库区重要支流航道建设工程。

### （二）港口

按照港口、物流和产业“三结合”的原则推进大型化、规模化、集约化、信息化、铁公水联运的枢纽型港口建设。一是建设大型化枢纽型码头。重点实施主城寸滩、果园、东港、黄谦、万州新田、涪陵龙头山、永川朱沱、江津仁沱、忠县新生等项目。二是依托工业园区配套建设临港码头。重点完成长寿重钢、万州桐子园化工、长寿中石油炼油厂以及忠县海螺等重点大型水泥企业码头。三是建设三峡精品旅游码头，打造邮轮母港。重点实施主城港区朝天门旅游码头升级以及三峡库区旅游景点等高档旅游码头项目。四是推进港口集疏运系统建设，促进水运与其他运输方式的有机衔接，实现主城果园、黄谦、涪陵龙头山、万州新田等枢纽型港口铁路进港，提高港口通过和服务能力。

### （三）船舶

按《全国内河船型标准化发展纲要》确定的目标，到2020年船型标准化率要达到95%。按目前运输量增长的需求，今后几年重庆市标准化运力将达到580万吨。大力发展高档次涉外豪华邮轮和国内游船，加快旅游船升级改造，促进邮轮经济发展。对新建造船舶全部安装生活污水处理装置，老船舶分期分批实施治理；对运输船舶按要求配备油水分离设备和污水储存装置。

### （四）支持保障、应急救援体系

建设长江、嘉陵江、乌江“一干两支”及其他重要航道的支持保障系统，重点建设航运信息综合服务系统和主要支流船舶自动识别系统。在长江干线主城、涪陵、万州、巫山建设应急设备库，在主城、彭水、万州、巫山建3个应急物资基地、6个应急物资储备站，在长寿、涪

陵、万州建设3个化危品洗舱基地，使应急救援体系全面覆盖主要通航水域。

（五）重庆航运交易所

完善重庆航运交易所功能，主要发挥发展航运总部经济、做大船舶交易市场、开展航运货物交易综合服务、发布航运信息和促进航运人才发展五个方面功能，聚集航运要素、完善航运服务体系、培育航运交易市场，促进长江上游金融中心和航运中心尽快形成。

（资料来源：重庆航运交易所）

# 专题5 打造“数字长江” 发展现代航运

## 一、解读“数字长江”

### （一）“数字长江”建设的基本内涵

“数字长江”是长江航运信息化、智能化的形象描述，其基本内涵是：将信息化技术广泛应用于政务管理、公共服务和企业经营等长江航运各个领域，通过信息化应用系统实现各类航运业务的流程优化、协同配合与辅助决策，最大限度地优化航运管理、提供公共服务、提升航行安全、提高运输效率，加强内部管理、降低运行成本，为促进沿江社会经济发展提供优质、高效、便捷的航运服务。

“数字长江”主要包含六大应用体系：

一是建设电子政务体系，提供网上政务和政府信息公开服务；

二是建设公众服务体系，提供网上公共信息搜索、查询服务；

三是建设电子商务体系，提供电子化的船货交易、物流运输、设备购置、人才招聘等服务；

四是建设数字装备体系，实现港口及船舶设备的数字化、自动化和智能化；

五是建设内部业务应用体系，实现各单位内部管理、经营、决策等信息流的网络传输和计算机处理；

六是长江航运数据中心和综合服务信息系统，以实现各系统间的数据交换和应用互联。

### （二）“数字长江”建设的基本思路

“数字长江”发展战略的基本思路是：以科学发展观为指导，以服务于“畅通高效平安绿色”的长江航运建设为总体目标，按照“整体规划、分步实施，共建共享、发挥合力，稳步推动、务求实效”原则，大力推动全行业信息化基础设施和应用系统的建设，加强各方的信息交换共享和业务协同处理，形成综合、协调、高效的长江航运业务数字化处理平台，推动信息技术在全行业的应用。

——整体规划、分步实施

“数字长江”的建设是一个庞大的系统工程，需要立足整体、立足全局做规划，加强顶层设计，实现协调、有序的推进。

——共建共享、发挥合力

“数字长江”的建设，离不开长江航运各方的参与、支持和配合。“数字长江”的建设成果和资源,也将对长江航运的各参与方开放,通过共建共享实现多赢。

——稳步推动、务求实效

“数字长江”的建设不可能立竿见影、一蹴而就,需要有计划、分步骤地实施。根据2010年长江航运管理工作会提出的总体目标,到2020年要基本实现“数字长江”的目标。实现这个目标可以分两步走:第一步,从2010年到2015年,基本完成各单位信息化基础设施的建设,抓好应用系统的推广和数据资源的整合与共享;第二步,从2015年到2020年,重点抓好各单位应用系统的集成,业务的协同处理,通过网络的联接,形成一个流程紧密连接、数据互通共享的长江航运综合信息服务系统平台。

### (三)当前“数字长江”建设的重点任务

“数字长江”的建设是一项大型系统工程,任务繁重而艰巨。

当前,建设“数字长江”最紧迫、最重要的任务体现在以下八个方面,即八个“进一步”:

一是加大规划与前期工作的力度,进一步完善“数字长江”建设的顶层设计;

二是推动航运业务应用系统建设,进一步巩固“数字长江”建设的设施基础;

三是推动长江航运信息资源的集成和共享,进一步强化“数字长江”建设的数据支撑;

四是提高港航企业装备数字化水平,进一步提升“数字长江”建设的整体质量;

五是加快电子航道图系统的应用推广,进一步发挥“数字长江”建设的社会功效;

六是强化电子政务建设和应用,进一步改善“数字长江”建设的服务效能;

七是大力建设信息化人才队伍,进一步提供“数字长江”建设的人才保障;

八是加大沟通协调,进一步营造“数字长江”建设的良好环境。

## 二、“数字长江”发展研讨会成功召开

2010年4月15至16日,“数字长江”发展研讨会及“数字长江”发展论坛在武汉召开。交通运输部科技司贺建华司长、洪晓枫副司长,长江航务管理局唐冠军局长、黄强书记、但乃越副局长,大连海事大学孙培廷副校长,中交水运规划设计院胡国丹副院长等领导出席了会议。来自长江航务管理局局属各单位,长江干线港航管理单位,部分港口、航运企业、大专院校、科研院所及IT公司、新闻媒体等单位近200名代表参加了此次会议。

会议受到了交通运输部科技司的高度重视与支持。部科技司贺建华司长高度肯定长江航运信息化建设工作近年来取得的成效基础上,结合当前全国交通运输信息化的发展现状和“十二五”期交通运输信息化工作重点,对长江航运信息化建设工作提出了要求。

会议明确了“数字长江”的发展基础、发展战略和发展任务,标志着“数字长江”建设的加速推进。会上,会议代表们还围绕“建设数字长江,发展现代航运”主题,展开了深入讨论,为共同推进“数字长江”建设、全力推进长江航运发展的新跨越营造了和谐的氛围。

## 三、当前“数字长江”建设取得的成绩

### (一)基础设施不断完善,规模效应开始呈现

“十一五”期,长江航务管理局扩大基本建设投资力度,加快了信息化建设速度,内部网络体系已基本建成,长江航务管理局与各直属局网络之间实现光纤互联互通,局属各单位先后建成覆盖其二级单位和部分基层处站(所)的广域办公网络。各单位所属二级以上单位内网覆盖率达到100%。开通了长江航务管理局内部网络办公门户“长航局办公网”,启动了外部商务服务门户“长江航运网”。

长江通信专网船岸VHF系统实现宜宾至上海全线链状覆盖,长江干线数字传输系统重庆至上海段2425.1公里光纤电路实现全线贯通,通信专网接入已覆盖各直属局二级以上单位,三级单位覆盖面也已超过1/3。

“十一五”期间,相继建成并投入运行了长江航运信息网络工程、长江下游南浏段数字航道工程、三峡坝区段数字航道工程、长航公安金盾网及350M无线通信网、长江航道信息化二期等信息化基础设施工程。

2010年启动了长江航运物流公共信息平台试点工程、长江干线水路应急指挥中心工程、长江海事船舶协同监管与信息服务系统工程、长江干线船舶自动识别系统一期工程、三峡库区数字航道等信息化工程的建设。

### (二)电子政务深入推进,服务构架轮廓初现

长江航运政务主网站群建设初具规模。共建成外网网站34个,内部网站33个,长航局直属各单位网站开通率为100%,各直属局二级以上单位网站开通率为81.8%。长航局政府网站年访问次数突破400万人次,在交通运输部政府网站共建和考核评比中始终排名第一。

### (三)资源共享认识提高,推进工作富有成效

一是组织完成并颁布实施了《长江航运信息化标准体系研究》、《长江电子航道图制作规范》等基础性、综合性技术标准。2010年完成并颁布实施了《长江航运数据交换指标体系》、《长航局数据交换共享指标体系》等急用先行技术标准,信息化标准体系建设得以不断完善。

二是加强信息化工作协调机制建设,草拟完成相关规章制度如《信息化建设项目技术管理规定》和《推进信息资源共享若干意见》等,不断推进和规范信息资源共享工作。

### (四)示范工程建设加快,引领作用更为显著

“十一五”长江航运信息化通过着力开展重点工程建设,不断促进和加快“黄金水道”建设,建成长江上第一段数字航道——“长江南浏段数字航道与智能航运建设示范工程”。与此同时,三峡坝区河段数字航道建设工程、长江航运物流公共信息平台试点工程、长江干线水路应急指挥中心工程等重点示范工程也相继启动建设。这些示范工程的建设,大大提升了长江航运信息化建设发展理念、社会影响和示范效应,凸显了信息化在转变发展方式,

打造现代长江航运中的突出作用。

（五）技术应用更加广泛，与航运业务逐步实现融合

"十一五"期间，网络技术、电子海图、GIS、GPS 等现代信息技术与航运技术综合集成、相互融合渗透，广泛应用于安全监管、船闸运维、航道整治等航运关键业务，相继建设开发了长江干线电子航道图、航标遥测遥控、船闸运行调度、船舶动态监控等 70 余个涵盖航运各类主要业务的信息应用系统。与此同时，与欧盟的荷兰、德国等国家建立了良好的技术合作关系，并在运输监管、信息服务、业务培训、专题研讨等方面，广泛深入地开展了技术研讨和交流。

（资料来源：长江航务管理局科技通信信息处）

# 专题6　长江航运物流公共信息平台建设

长江航运在综合运输体系建设及现代物流发展中的重要作用得到了党和国家的高度重视,《物流业振兴与发展规划》将长江明确作为全国十大物流通道之一,并以重庆、武汉、南京、上海等长江沿线重要城市为物流中心节点,实现对周边区域覆盖。信息化是的长江航运现代化的重要标志之一,加强长江航运物流公共信息平台建设是提供现代长江航运服务的重要基础支撑。长江水运发展协调领导小组第二次会议明确指出要加快综合运输体系和公共信息服务平台建设,促进信息资源共享,改善公众出行信息服务,提高交通运输管理效能和服务水平。长江航务管理局根据交通运输部的安排,于2009年8月启动了长江航运物流公共信息平台工程的前期工作。

## 一、当前长江航运物流公共信息平台的需求特点

通过对长江沿江省市20多家港航管理部门、港口航运企业、上海航运交易所等单位进行调研,就长江航运物流公共信息平台建设内容、政府和企业在平台上的定位、运维模式进行了交流与沟通,较为全面地了解航运物流企业对公共信息平台建设的需求和要求。总体上看,长江航运物流公共信息平台建设的需求特点可以用“四个有”来概括,即“有基础、有需求、有市场、有难度”。

有基础:交通运输部关于构建综合运输体系、发展现代物流的总体部署,是平台建设的政策基础;目前,长航局系统单位有25个在线运行的主要业务应用系统,业务应用系统能够提供和需要交换的信息主要有航道、船舶、港口、长江电子航道图、航运企业、船舶动态定位等信息资源;随着重庆长江上游航运中心、武汉长江中游航运中心、上海国际航运中心的建设推进,沿江大中型港航企业对自身信息化投资增加,开发了一大批实用的长江航运物流业务应用系统、物流信息数据库,长江航运参与各方的信息化建设成果为平台提供了建设基础;现有成功案例和成熟的技术为平台建设提供了技术基础。

有需求:长航局系统单位、沿江港航企业内部生产的信息化已发展到一定程度,80%左右的业务系统需要交换共享其他长江航运基本信息以扩大应用范围,提高长江航运管理工作效率,提高航运物流企业的运输生产调度能力,降低航运物流成本;尤其对长江航运管理信息、航道基础信息、通航信息、物流动态信息交换共享有迫切的需求。

有市场:港航企业对有价值的物流信息需求将带来一定的市场,也是平台建成投入运营后用以维续的根本。

有难度:港航企业物流信息化水平参差不齐,总体信息化水平偏低,长江航运信息数据

交换不能交换共享的情况较为严重，给平台建设带来了困难。

## 二、长江航运物流公共信息平台建设模式设想

长江航运物流信息化涉及到长江航务管理局系统、沿江省市港航管理部门、港航企业、海关、质检、金融和流通等政府部门和物流企业，目前还没有统一、开放、标准化的接口。通过建设长江航运物流公共信息平台，可以提供物流信息发布、查询、交易提供标准化的接口和数据交换通道。目前各方都希望通过物流公共信息平台的建设，整合多方资源，实现长江航运物流信息共享，对建设模式的设想趋于一致，建设模式为“政府推进、政企合力，共建共用、共管共维”。

### （一）政府和行业管理部门在物流公共信息平台建设中的作为

由长江航务管理局组织，鼓励、吸引长江航运参与各方参与平台建设。由于长江航务管理局及各直属专业局、沿江省市港航管理部门积累了大量有价值的长江航运物流基础信息，是长江航运信息的提供者，同时由于长江航运管理、安全监管、航道维护、通航的需要，也是信息汇聚、加工和需求者，因此平台建设由政府牵头。

### （二）航运企业积极参与物流公共信息平台建设

沿江港口航运企业是长江航运物流的主体，是航运物流信息的源点和最大需求者，港航企业信息化水平是物流公共信息平台可以正常运行、持续发展的基石。长江航运物流公共信息平台建设要立足于港航企业信息化和行业信息化，而企业在加强自身信息化建设时，要积极参与物流信息平台建设，充分利用平台的资源，同时必须保证向平台提供航运物流信息的真实性和及时性。

## 三、平台的系统架构体系和主要功能

### （一）系统架构体系

目前，长江航运物流公共信息平台的系统架构体系，可概括为“CJ12345”体系，即：“在统一的平台框架下，搭建两级中心、提供三类信息服务，确保四项支撑、推广五大类应用”。

一个平台：即开放的、标准统一的系统平台。

两级中心：即长江航运物流公共信息平台数据管理及交换一级主中心和数据交换二级分中心。

三类信息服务：在共建共用单位数据共享和数据交换的基础上，提供电子政务信息服务、物流公共信息服务、电子商务信息服务。

四项支撑：即机制支撑、标准支撑、运营管理支撑、安全体系支撑。

五大类应用：即航运物流企业业务应用、数据交换应用、航运管理应用、船货动态信息管理应用、物流电子商务与行业监管应用。

### （二）系统主要功能

长江航运物流公共信息平台主要有八大类功能，即数据交换、信息发布服务、长江航运政务、航运物流商务、引导航运物流市场、会员服务、在线交易、船货配载。

## 四、实施步骤

按照“整体规划、分步实施、突出重点、急用先建”的原则，长江航运物流公共信息平台建设和发展可分为试点建设、深化应用、推广建设三个阶段进行建设。

(一)试点建设阶段(2010～2013年)

针对沿江港航企业对长江航运物流信息服务提出的迫切需求，充分利用长江航务管理局系统在长江航运信息化前期工程中的建设成果和信息资源，建设长江航运公共信息资源数据库、长江航运数据中心，初步实现长江航运公共信息资源共享；通过长江干线危险品物流信息系统、长江干线集装箱物流信息系统、长江干线船货信息系统等典型物流业务应用系统的建设和应用，提高长江干线航运公共信息服务水平、航运相关物流活动的作业效率。

(二)深化应用阶段(2014～2015年)

基于物流业务应用软件的深化推广，扩大共建共用物流企业的物流业务覆盖范围和所在地区覆盖范围，形成较为成熟的跨单位、跨区域的数据交换能力，提供更完善的信息服务。

(三)推广建设阶段(2016～2017年)

实现长江航运物流企业与生产企业、口岸单位的信息联网。实现信息跨单位、跨行业、跨区域、跨运输方式的共享。以此为基础，完善平台应用系统的建设，提供更全面、完整的物流信息服务和应用服务。

## 五、2010年工作进展情况及2011年工作重点

按照交通运输部对长江航运物流公共信息平台工程建设要有航运物流企业参与共建共用的要求，与有代表性的港航企业就建设一个开放、权威的跨区域航运物流公共信息平台，充分发挥各自优势，积极参与分工协作。2010年4月，长江航务管理局与中国长江航运集团公司、民生实业集团有限公司、武汉港务集团有限公司、重庆港口集团公司、南京港股份有限公司等5家大型港航企业签订了长江航运物流公共信息平台共建意向协议书。2010年10月，交通运输部以交规划发[2010]575号文正式批复同意实施长江航运物流公共信息平台试点工程建设。2010年12月1日，交通运输部以交水发[2010]724号文同意长江航运物流公共信息平台建设试点工程初步设计，长江航运物流公共信息平台正式进入建设实施阶段。

2011年工作重点是“以企业为主体，以市场为导向，以政府为推手”进行物流公共信息平台建设工作，长航局与5家重点港航企业进行交流协商，在实现长江航运综合信息资源共享、建立信息交换机制、物流应用系统互联互通等方面建立沟通协调机制，并签定长江航运物流公共信息平台共建共用协议；在工程建设方面，进行长江干线港口信息、长江航运船舶信息、长江干线航道基础信息、长江航运企业信息等长江航运物流公共信息数据库建库、长江干线危险品物流信息系统、长江干线集装箱物流公共信息系统、长江干线船货信息系统、长江航运综合查询分析系统等物流业务应用系统开发等相关工作。

(资料来源：长江航运信息中心)

# 专题7　三峡库区非标准滚装船退出市场的探索与实践

三峡库区载货汽车滚装运输经过10年发展，已经成为长江上游物流重要的运输形式之一，为库区的经济社会发展作出了一定贡献。目前，从事三峡库区滚装运输的企业19家，运输船舶共115艘，其中标准船44艘，非标准船71艘。根据部《关于川江和三峡库区船舶运输准入管理的公告》（2003年第14号）、《关于川江滚装船跳板改造要求的补充通知》（交海发［2005］154号）和《关于落实两坝间川江滚装船检验要求的通知》（交海发［2006］445号）的有关规定，航行于三峡大坝上的非标准滚装船舶应于2010年底退出川江及三峡库区滚装运输市场，航行于两坝间的非标准转运滚装船舶应于两坝间翻坝公路投入营运后退出市场。非标准滚装船如何退出库区滚装运输市场，国家利益和船东利益如何统筹兼顾，如何更好地适应综合运输环境的变化，促进库区滚装运输有序、健康、持续发展是值得探索和实践的课题。

## 一、三峡库区滚装运输市场现状

### （一）滚装运输市场发展历程

世纪之交，国家西部开发战略的实施，使进出西南的物流量骤增，长江两岸宜昌以下都修通了高等级公路和铁路，载货汽车在宜昌进出川仅靠低等级的318国道不能满足运输发展需要。面对市场需求，万州云阳的向氏兄弟通过集资打造了库区第一艘8车位的“汽车运输船”，利用万州汽车轮渡码头和宜昌市的平湖码头，于2000年4月5日库区汽车滚装运输的首航悄悄地开通。此航线一开通，其经济、舒适、方便、安全、环保的优势和价值凸显，备受过往司机的赞誉和社会各界的肯定与支持，也吸引了更多的人筹资建设滚装运输船舶，并随三峡工程蓄水运行，库区滚装运输市场逐步从无到有，由小到大。运量由2000年的6.2万辆发展到2008年的42.1万辆；运输船舶由最初的单船8车位、13车位、27车位逐步发展到单船60车位。基于安全、效率、效益的考虑，各滚装船公司在2003年以后，逐步自行淘汰了30车位以下的滚装船，已有的115艘滚装船，均为30车位（含）以上。2003年三峡工程135米蓄水，同年8月交通部开始推进长江干线船型标准化工作。按相关标准划分，已有的115艘滚装船中，标准滚装船为44艘，2636车位，占船舶总数的38.3%，非标准载货汽车滚装船为71艘，3350车位。2005年后交通部提出要求，在2006年12月底以前，所有非标滚装船完成跳板改造，并按法规及标准船型相关要求（除船型主尺度及船体结构布置要求外）全部完成船舶改造后，同意非标准滚装船延期使用到2010年。

（二）载货汽车滚装船运力运量情况

2010年库区实际在线滚装船舶包括非标准滚装船有71艘，3350车位，占总车位的55.96%；标准滚装船44艘，2636车位，占总车位的44.04%。其中，三峡坝上滚装船100艘，5494车位；两坝间滚装转运船15艘，492车位（其中30车位11艘，34车位2艘，47车位2艘）。库区滚装运输主要有三条航线，重庆—宜昌线占有近48%左右的市场份额，万州—宜昌线占28%左右，涪陵—宜昌航线占总运输量的24%。2004年运力4054车位，每车位年完成运量78.2辆，2006年运力是6322车位，每车位年完成运量49.6辆。

（三）滚装船舶技术状况

库区115艘滚装船中，30～34车位非标准滚装船建造完工时间均在2001年1月至2002年5月，最长船龄约9年；41～48车位滚装船建造完工时间均在2002年4月至2003年10月，最长船龄约7年半；50～59车位滚装船建造完工时间均在2003年6月至2004年9月，最长船龄约6年；60车位标准滚装船建造完成投入生产均在2005年3月至2006年3月，最长船龄约为4年半。

库区滚装船建造技术标准主要分为三类：

（1）两坝间的大部分转运滚装船按《钢质内河船舶入级与建造规范》（1996）和《内河船舶法定检验技术规则》（1999）中对甲板船和半舱船的技术要求设计或改建。

（2）三峡大坝以上库区非标准滚装船按《内河船舶法定检验技术规则—川江滚装船检验补充规定》（2001）及《钢质内河船舶入级与建造规范》（2002）中对川江载货汽车滚装船的构造、防撞边舱设置、消防救生等的规定进行设计建造。

（3）标准滚装船按照《内河船舶法定检验技术规则》（2004）及《川江及三峡库区航行船舶检验补充规定》（2004）及《川江及三峡库区标准型载货汽车滚装船建造规范》（2004）设计和建造。

## 二、库区非标准滚装船退出市场方案

（一）非标准滚装船退出库区运输市场方案研究

2009年6月，交通运输部在宜昌召开了三峡库区载货汽车滚装船运输安全座谈会，徐祖远副部长明确指示要积极稳妥地做好非标准载货汽车退出三峡滚装运输市场工作。长江航务管理局责成中国船东协会长江分会及其滚装专业委员会抓紧研究，形成意见和建议上报。在充分深入调研、广泛听取意见和全面、客观、科学分析的基础上，中国船东协会长江分会组织相关专家，于2009年9月形成了《非标准载货汽车滚装船退出三峡库区运输市场方案研究报告》。

（二）制定非标准船退出市场方案的原则

由于滚装船特殊的历史原因及实际情况，制定非标准滚装船退出市场方案必须科学、客观，具有可操作性，制定方案时必须考虑三个因素，即解决滚装运输市场运力运量不平

衡、提高滚装船舶标准化率和解决非标准滚装船退市补偿,并应遵循以下原则:

满足市场:库区滚装船经过发展已形成一定规模,在制定方案时必须考虑运力能够满足运量的需求。

节约资源:非标准滚装船在滚装船中所占比重较大,达到62%,且绝大多数船龄较短,在制定方案时要尽量避免造成资源浪费。

平稳过渡:非标准滚装船退市涉及到社会、经济等多个方面,必须遵循平稳过渡的原则,减少社会矛盾。

(三)非标准滚装船退出滚装运输市场方案

根据库区滚装市场的实际情况,中国船东协会长江分会组织船公司进行认真研究,拟定出一套切实可行、便于操作和兼顾各方利益的方案,主要内容包括:

(1)32 艘 48 车位及以下非标准滚装船在 2010 年 12 月 31 日前退出滚装船运输市场,28 艘 50 车位及以上非标准滚装船予以暂时保留;

(2)由未退出库区滚装运输市场的所有船东按照市场占有的份额拟对退出市场的船舶一次性买断其经营权。退出的 28 艘 50 车位以下非标准船测算补偿费用达 1.26 亿元。

(3)在两坝间进行转运的 11 艘 30 车位的小型非标准滚装船,待两坝间高速公路通车后自然淡出市场。

(4)28 艘予以保留的非标准滚装船的保留时间建议使用至船龄达 15 年。

(四)非标准滚装船分步退出库区滚装市场的优势分析

如果标准滚装船一次性退出,退出的滚装船达到 60 艘,占总数的 53%,价值高达 4.5 亿元,共 3020 车位,需要建造 50 艘标准船进行补充,建造资金 11 亿元。而分步退出中,退出的滚装船量较少(32 艘,只占库区滚装船总数的 27%),且退出的均是载车量小、使用时间较长的船舶,造成的资源浪费相对大为减少。

如果非标准滚装船一次性退出,库区将只保留标准滚装船 44 艘,2636 车位,即使全年航行 12 个月,每月 5 个航次,最大运载量只有 31.6 万辆,难以满足现有市场运量 40 余万辆的需求。分步退出将保留 72 艘滚装船,4238 车位,按全年 11 个月营运(营运率为 91%),每月 5 个航次,最大运量达 46.6 万辆,可以满足目前库区载货汽车滚装运输市场的需求。

非标准滚装船一次性退出,急需建造标准船补充运力,而建造新船一是建造周期长,无法填补中间的空白;二是市场环境因素不定,在库区其他运输方式基础设施建设逐步完成投产的情况下,如果出现市场萎缩,则会给滚装船运营造成新的困难。分步退出可满足现有运量需求,完成平稳过渡,若未来受周边运输环境的影响运量减少,也可以提前淘汰所保留的非标准滚装船,以保持市场的平稳。

非标准滚装船一次性退出,所需的补偿资金巨大,无论由谁来承担,都会是沉重的包袱,同时一次性退市所涉及的船员及相关产业人数众多,其重新再就业等问题都会给社会带来更大的负担。分步退出方案中,退出市场的船舶将减少近一半,所需的补偿资金相对较少，采用行业补偿的方式，其实现的可行性更强。同时所涉及的船员及相关产业人员会相对减少，给社会带来影响也有所减小。

## 三、非标准滚装船分步退出市场方案的实践

### （一）非标准滚装船退出库区运输市场方案出台

中国船东协会长江分会按长江航务管理局要求召集滚装船公司研究讨论，形成了《非标准载货汽车滚装船退出三峡库区运输市场方案研究报告》。该研究报告所提出的方案经由中国船东协会长江分会征求了各滚装运输企业意见，得到了各滚装运输企业的一致认同。长江航务管理局就非标准载货汽车滚装船退出三峡库区滚装运输市场有关问题专题报交通运输部请示，交通运输部正式函复（“关于三峡库区非标准载货汽车滚装船退出市场有关问题的复函”（厅函水[2010]3号））。并明确由重庆市、湖北省港航管理局做好辖区滚装运输企业的宣传工作，指导各滚装运输企业在中国船东协会长江分会的组织下制定非标准载货汽车滚装船退出市场的实施方案。

### （二）非标准滚装船退出库区运输市场方案的实施

中国船东协会长江分会组织滚装专业委员会成立了工作专班，具体逐项落实退市方案实施的各项工作。由于28艘非标准滚装船没有享受国家专项补贴，1.26亿元的补偿款需全部由船东自筹。为了保证补偿款收取支付工作正常运作，建立了非标准载货汽车滚装船退出滚装运输市场补偿资金收支管理办法及监督机制。委托宜昌港航管理局在上行滚装船运费中按月扣除补偿款，按进度支付给受偿船舶。定期向长航局通报补偿资金收取及支付情况。

沪蓉西高速公路开通后，滚装市场车流量大幅度下滑，企业效益也随之下滑，按进度收取补偿款有所困难。各滚装船公司迅速达成共识，提出28艘48车位（含）以下非标准载货汽车滚装船于2010年7月31日退出滚装运输市场。通过银行贷款的途径解决补偿款不足的问题，提前退市也应对了市场不利局面。

2010年8月1日零时起，重庆、湖北两省市港航管理部门要求滚装码头准时停止对48车位（含）以下非标准汽车滚装船的载货作业，与此同时，海事部门也停止了对此类非标准滚装船办理签证手续。长江分会督促相关滚装船运输企业按规定程序及时办理退市滚装船的船舶营运证注销手续。所有补偿款全部发放到位，28艘48车位（含）以下的非标准滚装船正式退出历史舞台，比交通运输部批复时间提前整整5个月。

（资料来源：中国船东协会长江分会）

# 专题 8　嘉陵江航电综合开发综述

嘉陵江是长江上游的主要支流，发源于陕西凤县秦岭南麓。由北向南流经甘肃的徽县、陕西的略阳，经阳平关入四川境，流经广元、苍溪、阆中、南部、仪陇、蓬安、南充、武胜等市县，再入重庆合川，于重庆朝天门汇入长江，全长 1119 公里，流域面积约 16 万平方公里。嘉陵江作为联系西南、辐射我国西北、沟通长江中下游地区的重要纽带，被列入全国"两横一纵两网十八线"高等级航道，是陕、甘、宁、青、内蒙等省部分地区贯通南北、融入东部的桥梁和向东开放、对接东亚、拓展欧美经济的窗口；同时，嘉陵江也是四川构建西部综合交通枢纽和建设西部经济发展高地的重要支撑，并在成渝经济区经济社会发展中扮演着重要角色。

## 一、科学规划，部省市合力推进嘉陵江渠化建设

嘉陵江自陕西入川后，纵贯中部丘陵山区，具有山区河流的特点，滩多水急，比降陡，含沙量洪枯差异大。在 20 世纪 50 年代和 70 年代，嘉陵江航道经过两次大的整治和诸多零星整治，通过炸礁、疏浚和筑坝，基本解决了一些重点滩险的碍航情况，使嘉陵江由木船航道建成轮船航道，实现了运输机械化。80 年代以后，嘉陵江航道再未进行过系统的整治，受航道条件限制和陆上交通的快速发展，大部分物资弃水走陆，嘉陵江航运逐年萎缩。

为了充分发挥嘉陵江水运主通道的作用，四川省在 20 世纪 90 年代，提出"综合利用水资源，航电结合、联合建设、滚动开发、渠化航道、发展航运"的思路，并于 1996 年编制完成《嘉陵江渠化开发规划报告》，经省政府批准实施。根据规划，对嘉陵江广元至重庆 739 公里干线航道实施渠化开发，力争用 10 ~ 20 年时间，建设 15 级航电枢纽（分别是四川境内的亭子口、苍溪、沙溪、金银台、红岩子、新政、金溪、马回、凤仪场、小龙门、青居、东西关、桐子壕，重庆境内的利泽和草街枢纽），使嘉陵江广元以下达到三、四级航道标准，基本建成干支相通、港航配套、水路衔接、通江达海的水陆联运网。

在交通运输部的大力支持和四川、重庆两省市的共同努力下，嘉陵江渠化建设自"九五"期全面开展以来，采取以交通部门为主，地方政府及其他企业共同参与的建设模式实施开发。四川省和重庆市高度重视嘉陵江的梯级渠化开发工作，分别组建了四川省港航开发有限责任公司和重庆航运建设发展有限公司，以此为主要的项目建设融资平台，推进枢纽的建设开发工作。15 个梯级中，除四川境内的马回、红岩子 2 个枢纽为地方控股，亭子口、青居、东西关 3 个枢纽为水利水电企业控股外，其余 10 个枢纽均由交通独资或控股建设。到目前为止，已建成或基本建成四川沙溪、金银台、红岩子、新政、金溪、马回、凤仪场、小龙

门、青居、东西关、桐子壕和重庆草街等12个梯级，实现渠化四级航道345公里、三级航道70公里。在建项目有亭子口和苍溪枢纽，重庆利泽枢纽已经开展相关前期工作。

## 二、效益显著，全面助推流域经济社会快速发展

随着嘉陵江航运综合开发的快速推进和大部分规划枢纽的建成，航运开发已经体现出了显著效益，主要表现在：

### （一）渠化开发，改善生态环境，综合利用效益显著

嘉陵江15个梯级航电枢纽不仅改善了航道通航条件，为航运的发展奠定了坚实的基础，同时可满足流域能源需求，为四川、重庆经济发展提供电力保障。从已建成的几个枢纽看，渠化开发后形成的库区，获得了发电、防洪、拦沙，灌溉、旅游、生态环境等效益。嘉陵江全江渠化后，水面扩大，沿岸城市成为“水中的美景”。生态环境明显改观，众多库区景观的形成，与自然风光、历史文化、红色旅游，融汇一体，正在形成千里嘉陵江绿色长廊和长江上游生态屏障，综合利用效益十分显著。

### （二）创收增税，促进老区脱贫致富，经济效益显著

嘉陵江渠化工程建成后，仅四川省每年可给地方增加税收4亿多元，成为沿江革命老区、贫困地区的支柱产业，落实解决“三农”问题的有力支撑，改善沿岸2000多万人民生活，对沿江人民脱贫致富奔小康和构建和谐社会具有重要现实意义。各航电枢纽已成为当地最大、最稳定的地方财源。位于阆中市境内的金银台、沙溪航电枢纽建成投产后，年产值可达3亿，年税收5000万元，分别接近该市年工业产值，年税收的1/3；武胜县大力发展水电经济，已建成的东西关枢纽和在建的桐子壕枢纽，年交税收6000万元，达全县税收的一半。位于仪陇县的新政枢纽，建设期间已为当地创造了税收4000多万元，建成后每年可创利税2200多万元。

### （三）开发旅游，推进城镇化发展，社会效益显著

航电枢纽和渠化工程的建设，极大改善了当地生态环境，带动了沿江旅游业的发展。如金银台枢纽为阆中市提供了23.5平方公里的人工湖区，每年吸引游客110万人次，可为实现旅游收入1.33亿元以上。同时，随着环境的改善，推动了沿江地区城镇化进程，加快沿江人民脱贫致富的步伐。嘉陵江航电枢纽大多建设在较为封闭、偏僻且经济滞后的贫困地区，梯级渠化后，江畔逐渐形成了新的城镇，如红岩子枢纽建成后，南部县县城扩充6倍，人口增长5倍；新政枢纽的建成使仪陇县县城扩充6倍。

## 三、继续完善，为全面重振嘉陵江航运奠定基础

嘉陵江渠化开发，在交通运输部的大力支持下，经过四川省和重庆市的共同努力，已经取得了阶段性的成果，目前收官在即。为加快推进渠化开发建设全面完成，尽快恢复嘉陵江航运繁荣景象，对沿江经济社会全面协调可持续发展提供高效、畅通、安全、竞争有力的水运服务，下一步，还将重点开展以下工作：

(一)协调推进利泽枢纽和相关配套基础设施建设

规划的利泽枢纽位于重庆市境内,是嘉陵江出川后的第一个梯级,其建设进程将直接影响到嘉陵江四川段航运的发展。为确保嘉陵江的全线畅通,充分发挥全江航运的整体效益,川渝双方将加强沟通协调力度,早日推动完成该项目前期工作并建成渠化航道。同时,进一步完善部分库区库尾航道整治工程和草街以下航道整治工程,建设相关配套航运设施,加快南充、广元等港口建设,为嘉陵江航运全面复苏做好准备。

(二)完善航电枢纽管理和运行机制

由于嘉陵江航电枢纽开发建设的主体多种形式并存,为充分发挥嘉陵江航运效益,需要进一步加强协调,在已经开展的嘉陵江航电枢纽综合调度运行研究的基础上,坚持"建设、管理、运行、养护"并重的指导思想,研究制定对全江航电枢纽建成后的统一调度运行方案和管理规程。

(三)开展嘉陵江水路运输发展和沿江经济布局研究

根据"十二五"末实现嘉陵江全江渠化的目标,为充分发挥嘉陵江的航运资源效益,按照发展"绿色嘉陵江、经济嘉陵江、旅游嘉陵江"的思路,积极开展嘉陵江水路运输发展方面的研究工作,分析区域经济对水路运输的需求与要求,特别是在嘉陵江梯级开发对促进地区经济社会协调发展、改善生态环境、缓解陆路交通压力、扩大和增加社会就业等方面的研究,并推动沿江政府充分利用嘉陵江进行新的产业布局规划,采取有效的行业政策和有力措施,促进嘉陵江沿江经济和产业布局等全面发展。

(四)做好嘉陵江航运市场培育工作

由于嘉陵江航电开发集中建设,目前,嘉陵江航运的形式主要是区间通航,为了全面复苏嘉陵江航运,需要结合沿江经济布局的调整和流域航运规划的编制,积极开展嘉陵江船舶标准化和营运组织研究,加强宣传和引导,做好嘉陵江航运市场的恢复和培育工作。近期将重点考虑南充航段的恢复通航问题,为嘉陵江航运市场的恢复和培育做好基础性工作。

(资料来源:四川省交通运输厅航务管理局)

# 专题9　长江三峡船闸通过能力初步分析

自2003年三峡船闸通航以来，过闸运量快速增长，2010年过闸货运量已达到7880万吨，其中下行货运量4280万吨，已接近船闸设计通过能力5000万吨。2010年11月起三峡坝区滞留船舶逐渐增加，船舶待闸时间明显延长，部分时段船舶积压呈现出常态化趋势，必须依靠短线客船翻坝等应急措施才能缓解通航压力。随着沿江经济的平稳较快发展，过闸货运需求将继续快速增长，船闸通过能力与过闸需求快速增长的矛盾日益凸显。三峡船闸通过能力已经成为长江黄金水道建设的一个重大战略问题，并为社会广泛关注。

## 一、三峡船闸运行情况

### （一）运行数据统计分析

2003年以来，三峡船闸运行情况见表1。

**2003～2010年三峡船闸运行情况**　　表1

| 年　份 | 闸　次 | 总艘次 | 客船艘次 | 旅客（万人） | 货运量（万吨） | 定额吨（万吨） | 通航率（%） |
|---|---|---|---|---|---|---|---|
| 2003年 | 4386 | 34880 | 5708 | 108.2 | 1377 | 3033.12 | 94.56 |
| 2004年 | 8719 | 75056 | 11825 | 172.6 | 3430.6 | 6632.38 | 96.1 |
| 2005年 | 8336 | 63949 | 11404 | 188.4 | 3291.1 | 6932.08 | 98.91 |
| 2006年 | 8050 | 56383 | 8102 | 162 | 3939 | 7289.69 | 84.73 |
| 2007年 | 8087 | 53312 | 5731 | 84.87 | 4685.92 | 7811.06 | 81.76 |
| 2008年 | 8661 | 55351 | 5829 | 85.5 | 5370.26 | 8224.38 | 98.09 |
| 2009年 | 8082 | 51815 | 5891 | 73.99 | 6088.73 | 8173.84 | 96.41 |
| 2010年 | 9407 | 58302 | 4388 | 50.75 | 7880.39 | 11276.26 | 95.76 |

根据以上统计数据分析，可以看出：

（1）船舶大型化趋势明显。2000吨级以上的船舶比例由2003年8.88%提高到2010年39.74%；过闸船舶平均吨位由2003年1039.7吨/艘提高到2010年2091.5吨/艘；一次过闸平均吨位由2003年6915吨提高到2010年11987吨。

（2）随着船舶大型化，每闸次船舶艘次从2004年8.6艘降低到2010年6.2艘；年过闸船舶艘次2004～2009年总体呈下降趋势，但2010年又有所增长。

（3）三峡船闸双线日运行闸次22～25.9，与设计运行闸次有较大差距。

（4）通航率除2006～2007年船闸完建外，保持在94%～98%之间，明显高于设计水平91.7%。

（5）过闸货运量迅猛增长，2004～2010年年均增速14.8%；过闸客运量大幅下滑，过闸客船、推轮等非货运船舶艘次比例从2003年26%逐步下降至2010年11%。

（二）三峡船闸实际运行条件与设计的对比

三峡船闸目前的实际运行条件与初步设计计算采用的运行条件有一定差异，对比情况见表2。

三峡船闸设计与实际运行条件对比表　　表2

| 运行条件<br>项　目 | 初步设计运行条件 | 目前实际运行条件 |
|---|---|---|
| 过闸船舶类型 | 三峡船闸仅通过货船客船通过升船机 | 升船机未建成，客船、公务船、工程船等非货运船舶与货船混合通过三峡船闸 |
| 每闸次船舶组合 | 一个4×3000吨级船队 | 5～8艘不同类型的船舶混合过闸 |
| 运行方式 | 五级运行，不补水 | 四级、五级不补水及五级补水等多种运行方式 |
| 待闸地点 | 导航墙 | 五级运行在靠船墩（比在导航墙远900米）；四级运行一闸室待闸 |
| 导航墙及一闸室停泊条件 | 能满足船舶停靠要求 | 导航墙不能满足船舶停靠要求；二闸室充水时一闸室水流条件较差 |

## 二、三峡工程初步设计船闸通过能力计算

根据交通部《船闸设计规范》，船闸年单向过闸通过能力计算公式为：

$$P=(n-n_0)NG\alpha/\beta$$

其中，$n$为日均运行闸次数，$n_0$为非货运船舶过闸次数，$N$为年通航天数，$G$为一次过闸平均吨位，$\alpha$为船舶装载系数，$\beta$运量不均匀系数。

按照《三峡工程初步设计》，各参数取值为：每闸次过闸间隔时间为59.7分钟，每线船闸每日运行22小时，$n=22.1$，$n_0=0$（客船全部通过升船机）；船闸年通航天数$N=335$；过闸船舶中长航船队为12000吨，地方船队为3000吨，按过闸次数长航船队占80%，地方船队占20%计算，一次过闸平均吨位$G=10200$吨；船舶装载系数$\alpha=0.9$；货运不均衡系数$\beta=1.3$，可得出三峡船闸设计通过能力$P=5228$万吨。

## 三、现阶段三峡船闸主要运行参数分析

### (一)日运行闸次数

多级船闸日运行闸次计算公式为:

$$n = \frac{24 \times 60}{T}$$

其中,$T$ 为闸次间隔时间,三峡船闸实际工作时间为 24 小时,设备保养时间 2 小时在计算通航率时扣减。

闸次间隔时间包含开(关)门时间、输水时间、进闸时间、闸室间移泊时间,前两者在设计时基本确定,后两者主要与过闸船型组合和运行条件有关。实际运行中,每闸次通过 5 ~ 8 个船舶单元,进闸距离延长,多艘船舶依次进闸、移泊和系解缆,使得进闸和移泊时间的实际值大于设计值,导致实际运行闸次低于设计值,见表 3。

三峡船闸设计与实际运行参数对比表　　表 3

| 序　号 | 初步设计主要计算参数 | | 实际运行主要参数(四级运行) | | 差　异 |
|---|---|---|---|---|---|
| 0 | 工作内容 | 时间(分钟) | 工作内容 | 时间(分钟) | |
| 1 | 进闸时间 | 10.8 | 进闸时间 | 30 | 19.2 |
| 2 | 关第一闸首人字门 | 4 | 关第二闸首人字门 | 4 | |
| 3 | 第一闸室泄水 | 12 | 第二闸室泄水 | 12 | |
| 4 | 开第二闸首人字门 | 4 | 开第三闸首人字门 | 4 | |
| 5 | 船由一闸室进入二闸室 | 8.9 | 船由二闸室进入三闸室 | 18 | 9.1 |
| 6 | 关第二闸首人字门 | 4 | 关第三闸首人字门 | 4 | |
| 7 | 第一闸室充水 | 12 | 第二闸室充水 | 12 | |
| 8 | 开第一闸首人字门 | 4 | 开第二闸首人字门 | 4 | |
| 9 | 单向过闸间隔时间 | 59.7 | 单向过闸间隔时间 | 88 | 28.3 |
| 10 | 日均运行闸次 =22×60/59.7 | 22.1 | 日均运行闸次 =24×60/88 | 16.4 | 5.7 |

目前,三峡船闸四级、五级运行情况下闸次间隔时间为 88 分钟、93 分钟,对应闸次分别为 16.4、15.48;根据三峡水库调度方案,每年船闸四级、五级运行时间分别为 3、9 个月,则年均日运行闸次数为 15.7 闸次。

### (二)一次过闸平均载重吨位

一次过闸船舶平均载重吨位取决于过闸货船的平均吨位和每闸次的货船数量。其影响因素包括货船吨位、非货运船舶比例、闸室有效面积利用率等,近年来由于客运和船队的萎缩,非货运船舶比例有所下降,闸室面积利用率基本稳定在 75% 左右,最主要的增长来自于船舶大型化后货船吨位提高。2003 ~ 2010 年三峡过闸货船平均吨位、一次过闸平均吨位

的年均增速分别为 10.5%、8.17%，2010 年达到了 2091.5 吨、11987 吨。

随着 2013 年开始 600 总吨（载重约 1000 吨）以下的船舶禁止过闸，新建船型将以 3000 ~5000 吨级为主；2015 年起客船通过升船机，"十二五"期一次过闸船舶吨位增速将进一步提高，但后期受上下游航道、闸槛水深限制，货船吨位不可能无限增长，同时船舶大型化后每闸次艘次下降，闸次面积利用率和运行效益也受到一定影响。因此，一次过闸吨位增速将低于货船平均吨位增速，预计 2011 ~2013 年增长率为 7%，2013 ~2015 年增长率 4%。

（三）年通航天数

影响年通航天数的主要因素是大风大雾恶劣气候、流量超过通航标准、船闸计划或故障检修、航道施工、海损事故等。近年来，三峡船闸因大风大雾停航时间明显增加，但检修保养时间少于设计水平，船闸通航率高于设计值 91.7%。按正常运行，不考虑船闸大修停航因素，年通航天数可取 350 天，对应通航率为 96%。

（四）船舶的装载系数

三峡船闸运行以来下行船舶的装载系数基本稳定在 0.72 ~0.8，考虑到货物种类、流向和批量等市场因素，取 0.75。

（五）月运量不均衡系数

月运量不均衡系数 $\beta$ 是年最大月货运量与平均月货运量之比。不同于船闸规划设计阶段，本文的计算参数均取实际运行的平均值，不应再对各参数按最大值进行折减。因此，$\beta=1$。

## 四、三峡船闸 2011 ~2015 年通过能力初步测算

《船闸设计规范》中一次过闸平均吨位为该闸次船舶均为货船时的总吨位，由于货运船舶和非货运船舶混合过闸，一次过闸平均吨位的统计方法为全年货船定额吨除以全年运行闸次，已经包含了客船、公务船等非货运船舶对一次过闸平均货运吨位的折减，因此，$n_0$ 应取 0。

根据上述分析选取的测算参数，采用《船闸设计规范》的通过能力计算公式，可测算出三峡船闸 2010 ~2015 年的通过能力见表 4。

**2010 ~2015 年三峡船闸下水通过能力测算表** 表 4

| 参　数 | 2010 | 2011 年 | 2012 年 | 2013 年 | 2014 年 | 2015 年 | 初步设计 |
|---|---|---|---|---|---|---|---|
| $n$ | 15.7 | 15.7 | 15.7 | 15.7 | 15.7 | 15.7 | 22.1 |
| $n_0$ | 0 | 0 | 0 | 0 | 0 | 0 | 0 |
| $N$ | 350 | 350 | 345 | 345 | 345 | 345 | 335 |
| $G$ | 11987 | 12826 | 13724 | 14685 | 15272 | 15883 | 10200 |
| $\alpha$ | 0.75 | 0.75 | 0.75 | 0.75 | 0.75 | 0.75 | 0.9 |
| $\beta$ | 1.126 | 1.12 | 1.12 | 1.12 | 1.12 | 1.12 | 1.3 |
| $P$ | 4387 | 4720 | 4978 | 5326 | 5539 | 5761 | 5228 |

## 五、三峡船闸通过能力初步分析

(1)2010 年三峡船闸下行货运量达到 4280 万吨,与初步设计通过能力相比,利用率达到 85.6%。当前,三峡船闸月下行实际通过能力在 410 万吨左右,当月下行过坝需求超过 410 万吨后(对应日下行船舶超过 85 艘次),船闸将超负荷运行,船舶待闸时间延长,滞留船舶数明显增加,如 2010 年 12 月坝区通航呈现明显的紧张局面。

(2)考虑到船舶大型化等因素,测算今后 5 年三峡船闸实际通过能力增长率仅为 5.6%,2015 年约为 5700 万吨左右,与过坝运输需求快速增长的矛盾将进一步突出。预计 2011 年起,随着过坝运量的快速增长,船舶平均待闸时间将进一步延长,船舶积压逐步常态化,船闸通过能力不足对长江上游地区经济和航运发展的影响将日益显现。

(3)现有运行条件下,影响三峡船闸实际通过能力的主要因素是船舶吨位、非货运船舶比例、闸室面积利用率、年通航天数和装载率,日运行闸次是依赖于船闸运行条件和过闸船舶吨位的内生变量。因此,提高三峡船闸实际通过能力主要有 6 条措施:①提高过闸船舶吨位;②减小非货运船舶比例;③提高闸室面积利用率;④提高通航天数;⑤提高船舶装载率;⑥改善船闸运行条件提高运行闸次。措施①是近年来提高船闸通过能力的主要因素,但受上下游航道、闸槛水深、港口条件等限制,船舶大型化提高通过能力的潜力逐步减少;措施②可采取短线客船翻坝以及 2015 年升船机投入运行后客船等分流,但提高能力的空间有限;措施③需要改变当前标准船型系列过多的问题;措施④基本不可行,目前船闸通航率已处于很高水平,保障目前的通航天数已十分不易;受制于航道条件、货源和运输组织,措施⑤难以实施;措施⑥近期最为可行,可通过改善导航墙靠泊条件,缩短进闸距离而提高运行闸次。

(4)随着船舶标准化、大型化进一步加快,过闸货运船舶平均吨位继续快速增长,但受上下游航道、闸槛水深限制,预计 2015 年后增速将下降;同时,船舶大型化后每闸次船舶艘次下降,闸次面积利用率和运行效益也受到一定影响,使得一次过闸平均吨位增速明显低于船舶吨位增速。因此,2015 年以后继续通过船舶大型化提高三峡船闸通过能力的挖潜能力将十分有限。

(5)随着客运的萎缩和船队的退出,2015 年升船机投入使用,可减少非货运船舶过闸艘次,估算可提高船闸的货运通过能力约 5%。

## 六、有关建议

### (一)改造上游导航墙,改善船舶待闸条件

建议尽快实施三峡船闸浮式导航墙等设施改造,并组织实船测试,以缩短船舶进闸距离,提高三峡船闸运行闸次。

### (二)优化标准船型,加快标准化进程

标准船型应以提高闸室面积利用率和一次过闸平均吨位为目标,5000 吨及以上船舶并不能充分利用闸室有效长度和宽度,反而导致一次过闸船舶平均吨位下降。因此,建议针

对三峡船闸尺度，进一步优化标准船型系列，更好地提高船闸利用率。

（三）规范过闸旅游船舶标准化管理

新建旅游船尺度如超过三峡升船机平面尺度，不能通过升船机过坝，其过闸将造成船闸闸室利用率和运行效率降低，挤占货运船舶闸次。建议有关部门根据升船机尺度严格旅游船舶标准化管理。

（四）完善三峡船闸统一运行、维护、检修（抢修）的管理模式

三峡船闸满负荷运行7年，设备运行疲劳导致故障频发。建议实行由运行单位负责运行、维护、检修（抢修）的统一管理模式，保障船闸高水平的通航率。

（五）抓紧开展新过坝设施的论证和建设

根据《三峡工程初步设计》，“当货运量接近船闸通过能力时，可研究增建船闸或升船机，以满足过坝货运量发展需要”。由于三峡船闸通过能力挖潜空间有限，为满足船舶过坝畅通有序，为西南地区经济社会长期可持续发展提供可靠的运输保障，建议尽快开展新建过坝设施的研究论证，并及时决策启动新过坝设施的建设工作。

（资料来源：长江三峡工程航运办公室）

# 专题10 长江干线船舶货运方式现状和发展趋势分析

## 一、长江干线船舶货运方式变化情况及原因分析

改革开放以来，长江干线船舶货运方式不断发生变化，进入21世纪以后，货运船舶结构变化更加显著，主要体现在，自航船（指本身具有载货能力，专门从事货物运输的机动船舶）数量快速增长，并日益向专业化、标准化、大型化方向发展，原来主导长江干线货物运输的推（拖）驳船队运力急剧减少。据《长江水系航运统计资料（2009年）》，2009年长江干线省际货运船舶7.94万艘、3960万净载重吨，而驳船运力不足1000艘、200万净载重吨，分别只占省际货运船舶总数的1.26%和5.05%。目前在长江干线上除长航集团还保留船队运输方式外，其他船公司已全部采用自航船运输方式，京杭运河水系由于干支航道等级差别大，仍保留有一定数量的船队。

分析长江干线船舶货运方式变化的原因，主要有以下几方面：

一是长江航运体制改革为自航船发展提供了契机。党的十一届三中全会以后，长江航运实施改革开放，众多国有、民营、个体航运企业如雨后春笋般兴起，大多以自航船的形式投入长江货物运输。1984年长江航运体制改革，港、航分管，港口下放，随着船队运力不断减少，港口对驳船在港的抛锚、取送、编队、安全等服务功能也逐渐削弱，驳船，特别是无人驳船设施丢失严重，驳船安全和货物安全得不到保障，严重影响了船公司经营船队的积极性。除长航集团外，其他船公司均逐步放弃了船队运输方式，而长航集团船队也逐步退出长江干线货运市场。

二是长江干线航道的改善为自航船加快发展并且不断大型化创造了条件。经过多年的整治，长江干线航道尺度进一步提高。特别是三峡大坝建成蓄水后，库区航道条件得到了根本性改善。目前川江自航船载重量已达5000~6000吨，最大为8700吨；长江下游万吨级自航船已比较普遍，最大为18000吨。华中航运集团2009年以后发展的6艘长江自航船，平均载重吨达到1.2万吨。

三是长江干线货物流量、流向的变化，为自航船的发展提供了十分有利的机遇。传统的煤炭、金属矿石两大货源在20世纪90年代前上下水基本对流，为大型船队高效运行提供了条件。如6000马力推轮，下水顶推20艘载重2000吨的分节驳，组成4万吨船队，由汉口运煤到镇江谏壁电厂，上水由镇江顶推3.6万吨铁矿石到武钢，船舶效率、效益很好。但是

目前货物流量、流向格局发生了变化，进口铁矿石运量大幅提升，上水货源增长迅速，而下水煤炭运量则急剧下滑，难以组织对流的大型船队，这也是加速船队不断萎缩的重要原因。

四是新货种的出现和增长，为自航船的发展拓展了新的空间。20 世纪 80 年代后期，长江干线逐步出现了集装箱、商品车、载货汽车、散化品等新的货种，这些新货种更适合自航船运输。至 2009 年底，长江干线港口完成集装箱吞吐量达 719.5 万 TEU，完成川江载货汽车滚装运量 37.56 万辆，完成商品车滚装运量 42.37 万辆，长江干线沿江石油、化工企业出厂的水路散化品运量 1200 多万吨，这些新货种的运输无不依靠自航船。

五是管道和江海直达运输的发展，加快了船队退出步伐。由于南京至临湘沿江石油管道开通，南京油运公司的原油运量由 2006 年的 2300 万吨，降至目前的不足 400 万吨，降幅高达 83%，与之配套的 76 万余吨原油驳船绝大部分被迫退出运输市场。同时，进口矿石江海直达运输，既可节约矿石在长江港口的中转费用，又降低了矿石在装卸、堆存过程中的损耗，得到业主的青睐，这也加快了船队的退出。

六是货主对船舶运行周期的要求，促进了自航船的发展。在市场经济条件下，货主十分关注货物占用资金的时间和货物进、出价格的风险，对船舶运行周期提出了更高的要求。在同运距、同流向的情况下，自航船的运行周期显然要比船队短，因而更受货主欢迎，成为货主首选的运输工具，促进了自航船的快速发展。

## 二、长江干线自航船运输的比较优势

从当前长江航运环境、体制、机制和干线航道、港口、货物流量、流向等方面分析，长江干线自航船与船队比较，其优势主要有：

一是经济性。具有表现为“三低一高”，即：(1)用工成本低，以 6000 吨级自航船和船队为例，自航船在船人员一般不超过 10 人，而 6000 吨级船队在船人员不少于 32 人，自航船船员工资总额远低于船队；(2)燃油消耗低，以长航凤凰公司为例，2010 年 1 ~9 月份长江自航船燃油单耗为 2.53 千克/千吨公里，船队为 3.89 千克/千吨公里，自航船燃油单耗是船队的 65%；(3)港口费用低，2009 年长航凤凰长江驳船共发生港口规费 7980 万元，其中取送费 2700 万元，如果全部采用自航船，全年规费可节约 3750 万元；(4)船舶效率高，自航船相对于船队航行率高，2009 年长航凤凰自航船单位船产量为 20872 吨公里，驳船为 12280 吨公里，自航船比驳船高 70%。

二是安全性。自航船抗风等级高，安全系数大，船队队型大、航速慢、操纵难，同时船队抗风能力差，在长江下游遇 6 级风需停航避风。自航船全年停航避风天数较船队减少三分之一以上。此外由于驳船人员少，特别是无人驳，常常发生船舶设备和货物被盗、发生海损找不到责任方的情况，而自航船 24 小时有人值班，有效避免了被盗和找不到责任的海损的发生。

三是时效性。自航船相对于船队更能满足货主对运达期限和资金占用时效性的要求。

四是适货性。随着长江运输市场的不断变化和发展，货主对运输服务的要求越来越高。例如对船舶的防水性、水尺检验、运输质量、运到期限等都提出了更高的要求,传统的船队运输方式往往难以达到。熟料、水泥和钢材等货物,货主对自航船更为青睐。

五是适港性。由于驳船吨位小,与同样吨级的自航船相比,驳船队的清仓环节多、时间长,加之装、卸作业前后通常需要等待港作拖轮进行取送作业,严重影响港口装卸效率的发挥。长江港口更欢迎大吨位自航船,部分港口对到港船舶的装卸顺序是先自航船,后驳船。

六是适闸性。船队平面尺度大,载货量小。过三峡船闸时,同等载重量,船队较自航船占用船闸有效面积大得多,限制了三峡船闸通过能力的发挥。2010 年三峡船闸通过量 7880 万吨,大吨位自航船功不可没。

## 三、美国密西西比河顶推船队发展原因分析

美国密西西比河顶推船队运输始于 1840 年,170 年来顶推船队运输经历了从无到有、逐步发展、全面推广的过程。据统计,至 2002 年 7 月,美国内河货运船舶 33316 艘,总运力 4884.7 万吨;其中拖轮 3429 艘、驳船 29778 艘、自航货船 109 艘,分别为全美内河货运船舶艘数的 10.29%、89.38%、0.33%;驳船总运力 4882 万吨占全美内河货运船舶总运力的 99.94%。美国内河船舶货运方式中顶推船队运输方式占绝对主导地位,其主要原因有以下几方面:

第一,航道、船闸的标准化是船队运输发展的重要基础。密河水系航道里程长(16660 公里)、航道尺度适中(航道宽度以 91.4 米为主、航道水深以 2.74 米为主)、水流条件好、船闸尺度大(以 182.9 米 ×33.5 米、365.8 米 ×33.5 米的两种船闸为主)。相对宽浅的航道和大尺度船闸,有利于平面尺度大、吃水浅的大型船队的发展。密河水系航道水深不大,在很大程度上限制了自航货船的大型化发展。

第二,船型标准化是船队运输发展的必要保障。美国早已实现内河船型标准化。船型标准化是和航道、船闸标准化相互适应、密切相关的。以 1000 吨、1500 吨、3000 吨的开舱驳为例,其长度、宽度虽有三种;但吃水深度均能适应 2.74 米航道。密河水系“一顶十五驳”、载重 20910 吨的船队可以一次通过大尺度的标准船闸。

第三,沿河建城建厂是船队运输发展的重要前提。在美国 150 个 10 万人口以上的城市中,有 131 个建在内河附近。其中大部分位于密河水系上。在密河干支流有许多密集的工厂,形成著名的“工业走廊”、“钢铁走廊”和“化工走廊”。密河水系水运货类中,煤炭占 28%、石油及制品占 24%、农产品占 14%、建材占 11%、化工品占 7%、其他占 16%。大宗的货物、稳定的货源、稳定的航线,促进了船队运输的快速发展。

第四,高度集约的航运企业是船队运输发展的重要条件。2002 年,在全美国内河货运行业中,有专业货运企业约 150 家。150 家货运企业中,规模最大的前 5 家企业拥有全美国 75% 的驳船运力。最大的美国商业航运公司(以下简称“ACL 公司”)拥有船舶 4903 艘,其中驳船 4710 艘,拖船 212 艘。大型航运企业规模大、船舶多、分工细、市场占有率高、抗风险能力强,有利于发展船队运输。

第五,全面推行无人驳是船队运输发展的重要原因。美国的内河航运治安环境良好,可以保障货物和船舶设备的安全,船队运输现代化程度高,促使无人驳技术在船队运输中广泛应用,为内河货运节约了大量人力成本。以 ACL 公司为例,拥有船舶 4903 艘,公司员工仅 3528 人。

第六,大型航运公司兼营港口是船队运输发展的必要保障。以 ACL 公司为例,其下属的美国商业港口 LLC 公司,主要经营两个内河港口,用于支持煤炭和液体货物在驳船、公路和铁路之间的转运;ACL 公司和中南港口公司合资、联营的全球物资服务 LLC 公司,经营 ACL 公司拥有的其他港口;其下属的路易斯安那码头 LLC 公司,在全美范围经营,为拖船和驳船提供编队、转运、清洗和维修服务。港口和航运的有机结合保障了船队运输发展。

第七,不断拓宽驳船队的适货性是船队运输发展的重要途径。100 多年来,美国交通运输业不断涌现新货类,密河船队也在不断拓宽新货类的运输。目前,密河船队已能承运包括液货危险品、天然气、集装箱在内的大部分货类,船队运输的适货性很强。

## 四、长江干线船舶货运方式发展趋势

一是船队的衰退和自航船的发展,是我国计划经济体制向市场经济体制转变的产物,是长江航运内外环境改变的结果。预计 3 年左右、5 年以内,长航集团船队将全部退出货运市场,届时除京杭运河外,长江干线顶推(拖轮)船队将可能在一定时间内消失。今后,在长江航运发展环境和条件成熟时,长江干线船队运输将会以新的形式出现。

二是随着长江干线航道的不断改善,自航船将逐步大型化、标准化、专业化。三峡库区 3000 吨级以下干散货自航船效益较差,将被逐步淘汰,在"十二五"期间,5000 吨级自航船将成为库区主力船型;长江下游主力型干散货自航船将以 6000 ~ 8000 吨为主,并有可能发展为以 8000 ~ 10000 吨为主。

三是自航船拖带驳船的运输方式值得关注。不少船公司为提高船舶效率和经济效益,已开始研究和试用自航船拖带大型驳船的运输方式。长航凤凰公司和重庆港盛公司用自航船拖带现有存量驳船,重庆市巨航实业有限公司已着手研究载重量 4500 吨大型驳船,与载重量 8000 吨自航船相配套,组成 12500 吨新型船队,这种新型的拖带方式,比单一的自航船运行效率、效益要好,自航船拖带驳船有可能成为长江干线一种新的运输方式。

由于自航船相对于船队投资较少,配套设施不多,容易建立规模小的航运企业,这将造成运输市场管理上的困难,需要采用经济、法律和行政手段,推动航运企业的兼并和重组,同时还要建立船检规范,严格证书发放和管理,制订自航船的排污标准和节能要求,并创新长江航运行政管理体制,促进新型运输方式发展和运输市场的形成。

(资料来源:长江航务管理局专家委员会)

# 专题 11　长江水系省际内河货运企业发展情况

长江水系省际内河货运企业是长江运输企业的主力军，随着《国务院关于加快长江等内河水运发展的意见》（国发［2011］2 号）发布，长江等内河水运发展已经上升为国家战略，货运企业在发展质量、发展水平和发展方式上将发生深刻的变化。

## 一、长江水系省际内河货运企业的现状

### （一）基本情况及主要特点

2010 年长江水系省际内河货运企业共 2631 家，拥有各种运输船舶 8.9 万艘、5118.9 万载重吨。

长江水系省际内河货运企业地区分布及经营规模表　　表 1

| 省　市 | 企　业　数 | 经营规模 | | | |
|---|---|---|---|---|---|
| | | 小于 1 万吨 | 1～5 万吨 | 5～10 万吨 | 10 万吨以上 |
| 总计 | 2631 | 1637 | 742 | 153 | 99 |
| 云南省 | 5 | 5 | | | |
| 贵州省 | 9 | 8 | 1 | | |
| 四川省 | 70 | 61 | 9 | | |
| 重庆市 | 216 | 125 | 74 | 7 | 10 |
| 河南省 | 88 | 39 | 35 | 8 | 6 |
| 湖北省 | 322 | 252 | 63 | 5 | 2 |
| 湖南省 | 126 | 110 | 15 | 1 | |
| 江西省 | 136 | 107 | 27 | 1 | 1 |
| 安徽省 | 560 | 264 | 212 | 50 | 34 |
| 江苏省 | 770 | 455 | 237 | 52 | 26 |
| 上海市 | 93 | 89 | 4 | | |
| 浙江省 | 77 | 68 | 9 | | |
| 山东省 | 143 | 48 | 50 | 27 | 18 |
| 长航集团 | 16 | 6 | 6 | 2 | 2 |

长江水系省际内河货运企业的主要特点:

(1)经营规模偏小。据统计,截止2010年底长江水系省际内河货运企业平均运力规模仅为1.94万吨/家。其中:运力规模在1万吨以下的企业1637家,占62.2%;运力规模在1~5万吨的企业742家,占28.2%;运力规模在5~10万吨以上的企业153家,占5.8%;运力规模10万吨以上的企业99家,占3.8%。

从各省内河货运企业拥有平均运力规模来看,排在前三位的地区依次为山东省4.98万吨/家、河南省2.84万吨/家和安徽省2.69万吨/家。

(2)有限责任公司占主体。目前经营长江水系省际内河货物运输的企业中:有限责任公司2102家,占79.9%;集体企业203家,占7.7%;集体联营企业182家,占6.9%;国有企业86家,占3.3%;股份合作企业23家,占0.9%;股份有限公司21家,占0.8%;其他经济类型14家,占0.5%。长江水系从事省际内河货物运输的企业主要是有限责任公司,这些公司多数是个体经营户通过公司化经营后组建的。

(3)普通货物运输企业占多数。2010年长江水系2631家省际内河运输企业中:普通货物运输企业2174家,占82.6%;液货危险品船舶运输企业315家,占12%;川江载货汽车滚装运输企业17家,占0.6%;集装箱运输企业125家,占4.8%(注:当货运企业有多个经营范围时,选择经营资质较高的一种,不重复统计)。

(4)长江中下游地区企业多、运力大。从企业的地区分布来看,排在前三位的地区依次为:江苏省770家、安徽省560家和湖北省322家,以上三省的企业家数占长江水系省际内河货运企业总数的62.8%。

从地区船舶运力分布来看,排在前三位的地区依次为江苏省1534.5万吨、安徽省1511万吨和山东省712.2万吨,以上三个省运力合计数占长江水系省际内河货运船舶总运力的73.4%。

(二)典型货运企业经营情况及主要特点

通过调查不同地区、不同所有制及经营不同货种的21家典型省际内河货运企业生产经营情况发现,2010年实现盈利的企业有19家,占90.5%,亏损的企业有2家占9.5%。

省际内河典型货运企业的经营特点:

(1)运力与运量同步增长,运力的增幅大于运量的增幅。2010年21家典型货运企业船舶为1595艘,比上年末增长3.44%,船舶运力125.03载重吨,比上年增长16.42%。21家典型货运企业完成货运量和货物周转量分别为3727.87万吨和1063369.5万吨公里,分别比上年增长13.49%和16.55%。典型货运企业船舶运力增幅比运量的增幅大近3个百分点。

(2)水路货物运输平均运距增加,长途货物运输略增。2010年21家典型货运企业完成水路货物运输的平均运距为285.2公里,比上年增长2.7%,典型货运企业长途运输的货物有所增加,水路货物运输优势得到发挥。

长江水系部分省际内河货运企业经济状况　　表 2

| 企业家数 | 年度 | 船舶数量（艘） | 运力（万吨） | 货运量（万吨） | 货运周转量（万吨公里） | 运输业务收入（万元） | 运输业务经营成本（万元） | | |
|---|---|---|---|---|---|---|---|---|---|
| | | | | | | | | 人力成本 | 燃油成本 |
| 合计 21 家 | 2010 年 | 1595 | 125.03 | 3727.87 | 1063369.5 | 87148.84 | 77634.27 | 22013.1 | 36799.9 |
| | 2009 年 | 1542 | 107.4 | 3284.8 | 912355 | 80261.14 | 68369.66 | 19796.53 | 30490.1 |
| | 同比 | 3.44% | 16.42% | 13.49% | 16.55% | 8.58% | 13.55% | 11.20% | 20.69% |
| 江苏省 7 家 | 2010 年 | 1094 | 66.25 | 1487.47 | 341749.28 | 38918.76 | 34549.97 | 12454.2 | 13317 |
| | 2009 年 | 1094 | 60.25 | 1302.06 | 295773.11 | 35827.09 | 30747.54 | 11471.71 | 11567.16 |
| | 同比 | 0.00% | 9.95% | 14.24% | 15.54% | 8.63% | 12.37% | 8.56% | 15.13% |
| 江西省 6 家 | 2010 年 | 269 | 29.16 | 1263.6 | 64379 | 18408.6 | 17443.5 | 4225 | 8723 |
| | 2009 年 | 214 | 21.64 | 1035.56 | 54628.5 | 15269.23 | 13074.92 | 3781.82 | 6136.54 |
| | 同比 | 25.70% | 34.75% | 22.02% | 17.85% | 20.56% | 33.41% | 11.72% | 42.15% |
| 安徽省 5 家 | 2010 年 | 200 | 24.4 | 855.7 | 536575.1 | 22848.6 | 18835.8 | 3205.9 | 10796.9 |
| | 2009 年 | 202 | 20.8 | 795.5 | 465978.8 | 21710 | 18525.4 | 2750.3 | 9085.5 |
| | 同比 | -0.99% | 17.31% | 7.57% | 15.15% | 5.24% | 1.68% | 16.57% | 18.84% |
| 湖北省 3 家 | 2010 年 | 32 | 5.22 | 121.1 | 120666.1 | 6972.88 | 6805 | 2128 | 3963 |
| | 2009 年 | 32 | 4.71 | 151.68 | 95974.6 | 7454.82 | 6021.8 | 1792.7 | 3700.9 |
| | 同比 | 0.00% | 10.83% | -20.16% | 25.73% | -6.46% | 13.01% | 18.70% | 7.08% |

（3）运输业务收入增长，盈利能力下降。2010 年 21 家典型货运企业运输业务收入总计 87148.84 万元，比上年增长 8.58%；21 家典型货运企业取得的利润 9514.57 万元，比上年减少 20%。

（4）燃油和人力成本上升，多数企业盈利。2010 年 21 家典型货运企业运输经营成本总计 77634.27 万元，比上年增长 13.55%。其中：人力成本 22013.1 万元，比上年增长 11.20%，占运输业务成本的 28.35%；燃油成本 36799.9 万元，比上年增长 20.69%，占运输业务成本的 47.40%。有 19 家企业实现盈利，占被调查货运企业总数的 90.5%。

## 二、长江省际内河货运企业发展中存在的主要问题

### （一）企业经营规模小，风险承受能力不足

目前长江水系 14 省（市）省际运输企业中，运力规模在 1 万吨以下的企业达 1637 家，占水系省际运输企业总数的 62.2%。其中：长江水系省际内河液货危险品运输企业运力小于 1 万吨有 261 家，占 79%。离规模经济的要求还有较大差距，造成一些企业竞争能力不强、抗风险能力弱、经济效益较差，进而造成企业无力进行船舶技术改造或提升。

（二）经营方式比较粗放，管理水平比较低

目前，长江水系大多数省际内河货运企业形式上是公司化经营，但多数没有按照现代企业制度建立法人治理结构，经营运作上不够规范，依然是粗放型管理模式。相当一部分企业规模化不够、网络化不全、信息化不畅，经营资质维持情况不佳，相关规章制度流于形式，缺乏发展的资金保障，发展后劲不足，企业自身发展面临瓶颈。还有部分企业在船舶管理上"缺位"、"失位"，"代而不管"、"代而不让管"现象突出，导致安全系数较低甚至不符合安全标准的船舶"放任自流"。

（三）从业人员素质偏低，队伍不稳定

由于现有部分企业管理人员是从其他行业转到水上运输行业，且绝大多数未经专业技术培训，普遍存在管理水平跟不上要求、安全意识不强、基本业务技能较差等突出问题，难以适应运输组织管理和安全管理的需要，整体素质有待进一步提高。另外，内河船员学历普遍偏低，整体素质有待进一步提高，据调查，目前中专以上学历的船员比例不足10%，船员身体发生根本性转变，队伍不稳定、进出随意，既影响船员整体素质，又给航运安全带来隐患。

（四）企业经营成本压力增大，利润减少

企业燃油成本和人力成本增加明显，根据21家典型企业的调查结果，目前燃油和人工成本占运输经营成本的75.8%，比上年度增加了2.3个百分点。主要是自2010年以来柴油平均价格已由从年初的6220元/吨上升到年底的7850元/吨，且有继续上涨的趋势；船员市场还是供不应求的局面，船员中介机构良莠不齐，不增加工资难以招聘合适的船员。企业在经营成本上升，运输价格没有随之增长，直接导致部分企业利润减少，有的甚至出现亏损。

（五）多数企业融资难，缺乏资金支持

一是民营企业难以得到银行的贷款。虽然近几年银行在发放贷款中，很大程度上所依据的是企业的经营状况。但总体上讲，国有商业银行首先保障国有大中型企业融资需求，在给予经营良好的民营企业贷款时，其条件也要比国有企业苛刻，而现在长江省际内河货运企业中绝大多数为民营企业。

二是银行控制风险的要求。我国金融改革力度的加大，银行加强了信贷风险的控制，责任风险管理日益强化，并且大部分实行了终身责任追究；大部分银行对省际内河货运企业的认定主要是以大企业的指标作参照，用大企业的标准评定省际内河货运企业的信用等级，部分省际内河货运企业也就很难达到发放贷款的条件。

三是法律、法规方面的原因。法律、法规对保护银行支持省际内河货运企业融资的法制建设的滞后，相关法律制度尚不完善。

（六）市场供求关系依然失衡

市场运力供给大于需求的矛盾较为突出。特别是普通货物运输船舶的市场准入管理是实行的登记制，准入的门槛低，造成市场运力与运量供求关系失衡情况突出。从2010年21家典型货运企业的情况来看，运力和运量同步增长，但运力增幅比运量多3个百分点。同时根据2010年长江航务管理局对百家联系企业进行市场调研情况来看：目前普通货物运输市场的运力明显大于运量，经过前几年企业为了争取货源，采取了杀价竞争，导致普通货物水运运价下降后，2010年在人力、燃油成本不断上涨的背景下，普货运输企业盈利空间大幅压缩，运力过剩的矛盾更加凸显。

## 三、长江省际内河货运企业发展对策

### （一）发展目标

优化经营主体结构，努力实现货运企业经营发展方式由粗放型向集约型的转变。力争用5年左右时间，使运输企业数量减少30%，企业法人治理结构基本完善，市场竞争力和抗风险能力得到有效提高。

优化船舶运力结构，努力实现船舶运力发展方式由重发展数量向重发展质量的转变。努力实现2013年1月1日前通过三峡船闸小吨位船舶拆解、长江干线老旧运输船舶拆解、三峡库区单壳油轮、单壳化学品船改造或拆解管理目标。力争用5年左右时间，使货运船舶平均吨位提高20%，船舶平均船龄下降10%以上，运输船舶的技术经济性能得到有效提升。

优化运输组织方式，促进运输组织向规模化和网络化方向转变。扶持现代物流企业发展，加快信息化、网络化建设，促进运输组织方式的网络延伸和规模扩大，培育起一批网络辐射广、企业实力强、质量信誉优的运输组织主体，有效整合社会零散运力，实现整体货运发展的集约化、高效化、有序化。

### （二）主要措施

#### 1. 鼓励货运企业重组

鼓励现有货运企业以资产为纽带，通过兼并、收购、联合经营等方式进行资源整合，实现规模化、集约化经营，以改变目前经营主体经营散、竞争弱、效益差的状况，优化经营主体结构。

对于以资产为纽带进行整合重组的企业，各有关管理部门应优化企业审批和安全体系审核程序，缩短办结时限，提供优质、高效、便捷的行政服务。

#### 2. 扶持优秀货运企业发展

坚持“优胜劣汰”的原则，扶优、扶大、扶强，对有市场潜力、专业化程度高的货运企业和市场竞争力强的货运企业给予积极扶持，促进存量资产向这些企业流动，从而实现资源的优化配置，提高产业集中度和市场占有率，实现规模经济。

对小的货运企业要引导向小而专、小而精、小而特、小而新方向发展，成为用户物流供应链中具有独特核心能力的专业化运输企业。

#### 3. 加大长江航运市场调控力度

开展差异化管理措施的研究，在《国内水路运输经营资质管理规定》基础上适当提高长江干线运输市场准入标准，以提升长江省际货运企业的发展质量。

限制市场供需矛盾突出的普通货运船舶的发展，如新增运力必须以拆解改造同等艘数的非标准老旧船舶作为前置条件等措施，保证市场供求关系的总体平衡，促进长江航运的科学发展。

结合推进长江干线船型标准化工作方案，鼓励货运企业淘汰现有老旧、小吨位和单壳货运船舶，采取以旧换新、以拆换新的方式更新运力。

4. 进一步规范市场秩序

进一步强化经营资质和安全资质的源头管理，建立健全市场预警和市场退出的有效机制，保护合法经营，打击非法经营。

以建立货运企业诚信制度为重点，积极开展船东诚信调查工作，引导和督促企业建立自觉遵守各项法律、法规、规章的自我约束机制。

充分发挥行业协会在遏止市场无序竞争中的自律作用，以保障行业的整体利益。

5. 拓展企业融资渠道，解决融资难的问题

积极呼吁国有商业银行加大对长江省际内河货运企业的金融支持力度，根据国家产业政策的要求，支持符合长江航运业结构调整政策，有市场和发展潜力的货运企业融资问题。

交通主管部门要积极引导省际内河货运企业采用多种形式的筹资渠道，利用合作、联营、参股等方式筹集资金。

重视省际内河货运企业信用担保体系的作用，要按市场经济发展的要求，建立起多层次、多结构、多种所有制并行的省际内河水运企业信用担保机构和再担保机构。

建议国家出台相关政策，将船舶列为“不动产”贷款抵押物目录，以解决当前长江省际内河水运企业向银行贷款额度小、时间短的问题。

6. 加强信息引导服务

加强长江航运市场宏观发展动态监测，及时掌握市场发展变化状况，定期发布长江航运景气指数、长江运价指数和长江水系航运年度分析报告等宏观信息，为市场管理人、投资人和经营人增加运力提供决策服务。

7. 提高从业人员素质

建立从业人员资格制度，对企业从业人员，特别是企业高层管理人员以及企业安全、商务、调度等专职管理人员，从年龄、身体状况、学历教育、上岗培训、职业资格考试以及继续教育等方面做出相应资质要求。

（资料来源：长江航务管理局运输管理处）

# 第三篇　资料篇

# 附录1 国务院关于加快长江等内河水运发展的意见

（国发[2011]2号）

各省、自治区、直辖市人民政府，国务院各部委、各直属机构：

我国内河水运资源丰富，改革开放以来特别是近10年来，我国内河水运建设与发展取得了显著成绩，形成了以长江、珠江、京杭运河、淮河、黑龙江和松辽水系为主体的内河水运格局，长江干线已成为世界上运量最大、运输最繁忙的通航河流，对促进流域经济协调发展发挥了重要作用。但是我国内河水运发展水平与国民经济和综合运输体系发展的要求仍然存在较大差距，为进一步发挥水运优势和潜力，现就加快长江等内河水运发展提出以下意见。

## 一、充分认识加快长江等内河水运发展的重要意义

（一）加快长江等内河水运发展有利于构建现代综合运输体系。内河水运具有运能大、占地少、能耗低等优势，加快发展内河水运，实现水运与公路、铁路、航空、管道等运输方式的有机衔接，发展多式联运，发挥各种运输方式的比较优势和组合效益，有利于优化交通运输结构，降低社会综合物流成本，转变交通运输发展方式，增强国防交通功能，构建现代综合运输体系。

（二）加快长江等内河水运发展有利于调整优化沿江沿河地区产业布局。内河水运在能源、原材料等大宗物资和集装箱、重大装备运输中具有独特优势，加快发展内河水运有利于推动电力、钢铁、汽车等沿江沿河产业带的发展，推动东部地区产业升级和中西部地区承接产业转移，优化流域经济布局和产业结构。

（三）加快长江等内河水运发展有利于促进区域经济协调发展。加快内河水运发展，发挥长江横贯东中西部地区、西江航运干线联接西南与粤港澳地区、京杭运河沟通南北地区水运大通道的重要作用，有利于实现地区间资源、技术、资金等要素的有效利用和优势互补，符合实施西部大开发、中部崛起和东部率先发展等重大战略要求，对于区域经济协调发展具有重要促进作用。

（四）加快长江等内河水运发展有利于促进节能减排。随着我国经济社会快速发展，资源、环境约束日益加剧，发展交通运输与减少能耗、减少环境污染的矛盾日趋尖锐。大力发

展内河水运,有利于加快降低能源资源消耗,发展低碳经济,减少污染物排放,符合建设资源节约型、环境友好型社会的总体要求,对于加快转变经济发展方式具有重要现实意义。

## 二、指导思想、主要原则和发展目标

(五)指导思想。深入贯彻落实科学发展观,进一步解放思想,把发展内河水运作为建设综合运输体系的重点任务,坚持深化改革,加强统筹规划,强化科学管理,加大投入和建设力度,推进节能减排和技术进步,切实提升内河水运的质量效益和现代化水平,促进产业结构调整和区域经济协调发展。

(六)主要原则。坚持科学发展,合理利用和有效保护水运资源,以市场为导向,突出重点,有序推进,充分发挥水资源综合效益。坚持科学统筹,统筹协调水运、水利、水电发展,统筹协调水运、公路、铁路发展,统筹协调水运资源开发与水生生物资源养护、水生态环境保护。坚持深化改革,创新体制机制,加强各有关部门的协调,充分发挥地方各级人民政府和社会各方面发展内河水运的积极性。坚持科技创新,加强先进适用技术和装备的研发和应用,推进内河水运产业升级和可持续发展。

(七)发展目标。利用10年左右的时间,建成畅通、高效、平安、绿色的现代化内河水运体系,建成比较完备的现代化内河水运安全监管和救助体系,运输效率和节能减排能力显著提高,水运优势与潜力得到充分发挥,对经济发展的带动和促进作用显著增强。2020年,全国内河水运货运量达到30亿吨以上,建成1.9万公里国家高等级航道,长江干线航道得到系统治理,成为综合运输体系的骨干、对外开放的通道和优势产业集聚的依托。长江等内河主要港口和部分地区重要港口建成规模化、专业化、现代化港区。运输船舶实现标准化、大型化,长江干线运输船舶平均吨位超过2000吨。

## 三、主要任务

(八)建设畅通的高等级航道。按照内河水运"十二五"规划、《全国内河航道与港口布局规划》以及《长江干线航道总体规划纲要》的要求,加快长江干线航道系统治理,上游1000吨级航道延伸至水富,适时实施三峡水库库尾航道整治;中游实施荆江河段河势控制和航道治理工程,全面改善通航条件;下游加快实现航道规划标准,巩固长江口12.5米深水航道建设成果,稳步推进长江口12.5米深水航道向上延伸工程。实施西江航运干线扩能工程,加快红水河龙滩、右江百色等枢纽通航设施建设与改造,打通西南地区连接珠江三角洲的水运通道,进一步完善珠江三角洲高等级航道网。大力推进京杭运河和长江三角洲高等级航道网建设。加快实施岷江、嘉陵江、乌江、汉江、江汉运河、湘江、沅水、赣江、信江、合裕线、柳江—黔江、淮河、松花江、闽江等航道建设工程。相应建设其他航道及界河航道,进一步延伸航道通达和覆盖范围。对新建水利水电枢纽和桥梁等基础设施,要充分考虑内河水运发展要求。对已存在碍航、断航问题的内河航道,要在充分论证通航价值和可行性的基础上逐步建设通航设施。

(九)构建高效的内河水运体系。全力推进内河水运发展方式转变,提高内河水运发展质量和效益,形成航道、港口、船舶和支持保障系统协调发展、功能完善、技术先进、运转高效的内河水运体系。发挥港口枢纽作用,加快上海国际航运中心建设,推进武汉长江中游航运中心和重庆长江上游航运中心建设,加快内河主要港口和部分地区重要港口专业化、规模化、现代化港区建设。实施船型标准化,严格船舶更新报废制度,以长江干线、西江航运干线、京杭运河为重点,加快船舶运力结构调整。优化船舶运输组织,促进干支直达和江海直达运输,发展专业化运输,引导水运企业走规模化发展道路,建立健全现代企业制度。加强水运行业人才培养,不断提高从业人员素质,提升水运科技与管理水平,开展航道整治、船型标准化、节能减排等关键技术攻关,推进水运信息化,建设水运公共信息服务系统。加快"电子口岸"建设,推进航运要素集聚和大通关信息资源整合,提高口岸综合服务效率。

(十)保障内河水运平安运行。加快建设长江干线全方位覆盖、全天候运行、具备快速反应能力的现代化水上安全监管和应急救助体系,加强三峡坝区等综合基地建设,完善长江干线基地、站点布局和功能。落实企业的安全生产主体责任和政府的安全监管责任。强化重点水域安全监管,服从防洪调度,积极应对地质灾害和极端气候,建立重大隐患排查、重大危险源监控制度和预警、预报、预防制度,提高航道应急抢通能力,有效降低重大突发事件造成的损失。提高船舶安全性能,加强船舶管理和动态监控,强化内河危险品运输、滚装运输、水上客运和渡运的安全监管、应急处置和治安防控能力建设。

(十一)实现内河水运绿色发展。在航道、港口工程建设和运行中,按照生态功能区划和水功能区划要求,更加注重保护水生态环境,依法保护饮用水水源地和水生生物保护区、关键栖息地,严格进行环境影响评价,落实环境保护和生态补偿措施。推广先进适用的港口装卸工艺和装备,有效降低港口生产环节的能源消耗和污染排放。加强船舶流动源污染控制,推动船舶防污设备配置,对新建内河运输船舶安装油污水处理(或储纳)和生活污水、垃圾收集设施,建设船舶污染监视监测系统,防止发生重大污染事故。建立内河水运污染事故应急响应机制,配备污染应急处理设备,提高快速反应和处置能力。建设船舶生活垃圾和油污水的岸上接收处理设施。严格执行和逐步提高船舶排放标准,2013 年 1 月 1 日起,禁止生活污水排放达不到规范要求的客船(含载货汽车滚装船)以及单壳油船、单壳化学品船进入三峡库区。加快淘汰能耗高、污染重、技术落后的老旧船舶。

(十二)完善现代综合运输体系。按照现代综合运输体系和现代服务业的发展要求,发挥内河水运的比较优势,与其他运输方式形成优势互补的一体化运输体系。建设以长江干线为主,铁路、公路、航空、管道共同组成的沿江运输大通道。促进高等级公路、铁路与内河港口的无缝衔接,完善港口集疏运体系,发展多式联运,延伸港口服务腹地范围。依托内河主要港口,科学规划建设物流园区和海关特殊监管区域,拓展港口配送、加工、商贸、金融、保险、船舶贸易、航运交易等现代综合服务功能,发展现代物流。

(十三)带动流域经济社会发展。注重发挥长江、西江、京杭运河等内河航运干线跨区域、通江达海、物流成本低的优势,积极发展有特色的临港产业开发园区,促进优势产业向园区集聚，带动内河水运需求的稳步增长。以畅通的航道为基础，高效的服务为支撑，平安、绿色的水运体系为保障，推动沿江沿河新型工业化布局和产业结构调整优化，服务中西部地区承接产业转移，促进区域经济社会协调发展。

## 四、保障措施

（十四）加强规划指导。把加快长江等内河水运发展作为一项重点任务，列入各级国民经济和社会发展五年规划，切实加强统筹协调，积极有序推进。全面落实《全国内河航道与港口布局规划》和《长江干线航道总体规划纲要》，做好内河水运"十二五"规划编制工作，明确发展重点，建立项目储备，抓紧组织实施，同时做好与水利、土地利用等规划的衔接和协调。在编制区域发展规划和修订流域综合规划过程中，要统筹水资源综合利用，充分考虑内河水运发展要求。

（十五）加大资金投入。各级人民政府要进一步加大对内河水运建设和维护的投入，国家将继续增加投资，加强航道、支持保障系统和中西部地区内河港口等基础设施建设，并安排一定资金，引导船型标准化和提前淘汰老旧运输船舶。地方各级人民政府要积极安排财政性资金用于内河水运建设，并根据建设需要逐步扩大资金规模。鼓励和支持港航企业发行股票和企业债券，建设港口码头及物流园区。深化支持内河水运发展的金融政策研究，积极引导外资和民间资本投资内河水运基础设施建设和养护维护。

（十六）完善法律法规。建立和完善内河水运发展有关法律法规体系，加快出台航道法，完善水运管理相关法规，加快制定促进水运发展的地方性法规和政府规章，依法保护内河水运资源，维护内河水运合法权益，规范部门、地方和企业的行为。

（十七）保护岸线资源。加强内河港口布局规划、总体规划编制工作，科学制定港口岸线利用规划方案，保障内河港口可持续发展。强化规划实施监管，严格港口岸线使用审批，鼓励发展专业化、规模化公用港区，保障港口岸线资源有序开发和合理利用。切实保护港口岸线资源，未依法取得岸线使用许可的，不得开工建设码头设施。

国务院有关部门要根据各自职能分工，加强协调配合，认真贯彻落实本意见提出的各项任务，切实做好规划编制、资金支持、项目审批、体制创新、人才培养、制定配套政策措施等各项工作。同时要加强指导监督，及时研究新情况，协调解决相关问题。沿江沿河省（区、市）人民政府，要加强领导，因地制宜，制定具体落实方案，抓好组织实施，共同推进内河水运又好又快发展。

（资料来源：中国政府网 http://www.gov.cn/）

# 附录2 交通运输部关于贯彻《国务院关于加快长江等内河水运发展的意见》的实施意见

（交水发［2011］76号）

为贯彻落实《国务院关于加快长江等内河水运发展的意见》（以下简称《意见》），加快建设畅通、高效、平安、绿色的现代化内河水运体系，促进区域经济协调发展和节能减排，特提出如下实施意见：

## 一、高度重视，把思想统一到国家战略部署上来

加快长江等内河水运发展，是党中央、国务院从加快转变经济发展方式、建设资源节约型和环境友好型社会的高度作出的重大战略决策。《意见》的出台，标志着加快内河水运发展上升为国家战略，成为综合运输体系建设的战略重点，对于进一步发挥内河水运比较优势、构建现代综合运输体系、促进流域经济社会发展具有十分重要的意义。各级交通运输主管部门、港航管理部门和海事管理机构要认真学习、深刻领会，准确把握《意见》的丰富内涵和精神实质，充分认识加快内河水运发展的重要战略意义，进一步增强责任感、紧迫感和使命感，抓住内河水运新一轮重大发展机遇，把加快内河水运发展摆在更加突出的位置，按照国务院确定的指导思想、主要原则、发展目标和主要任务，加大投入，强化管理，凝聚合力，乘势而上，共同促进内河水运又好又快发展。

在贯彻落实《意见》过程中，要充分体现加快转变发展方式要求，正确处理好内河水运发展与综合运输体系建设的关系，加强内河水运发展规划与相关规划之间的衔接，加强综合枢纽各种运输方式间的衔接，加强水陆联运、江海联运之间的衔接，加强与现代物流重要节点的衔接，加强与安全监管和应急保障体系的衔接；处理好重点推进与全面推进的关系，通过长江水运加快发展，带动“两横一纵两网十八线”的发展，通过“两横一纵两网十八线”加快发展，带动全国内河水运发展；处理好项目建设进度与项目质量、安全和环境保护的关系，加强工程建设和运行管理，提升工程质量和效益，注重环境和水生态保护，严格项目招投标管理，建设廉政工程、阳光工程，工程建设中力争不发生重特大安全生产事故；处理好内河水运与防洪、发电等关系，加强与有关部门的沟通协调，提高水资源的综合利用效率，促进内河水运快速发展、协调发展、安全发展、绿色发展。

## 二、突出重点，加快推进现代化内河水运体系建设

### （一）加快长江干线航道系统治理

按照“规划指导、项目牵引、加强管理、有序推进”的原则，加快长江干线航道系统治理，全面改善通航条件。以中游荆江河段（宜昌至城陵矶段）航道治理、下游12.5米深水航道上延至南京工程为重点，全面带动长江干线航道发展迈上新台阶，力争“十二五”末基本实现《长江干线航道总体规划纲要》的发展目标。

长江上游：实施水富至宜宾段三级航道建设工程，将三级航道延伸至云南水富。结合三峡后续规划，适时推进三峡水库库尾航道整治。实施三峡至葛洲坝两坝间乐天溪、莲沱等航道治理及配套设施建设工程，结合优化水库调度、加强管理等手段，改善两坝间通航条件。

长江中游：结合河势控制和防洪工程，开展沙市、窑监、藕池口等主要碍航水道的整治工程，将荆江河段的航道等级提高到一级，水深由3米提高到3.5米。实施界牌水道二期等航道整治工程，提高城陵矶至武汉河段的通航标准，将航道水深由3.2米提高到3.7米。实施武汉以下河段主要碍航水道的航道治理，将武汉至安庆段航道水深提高到4.5米，安庆至芜湖段水深提高到6米。

长江下游：重点实施南京以下12.5米深水航道建设工程，按照“整体规划、分期实施、自下而上、先通后畅”的思路，先期对通州沙、白茆沙水道进行治理，使南通以下航道水深达到12.5米。实施福姜沙、仪征、和畅洲、口岸直等水道关键控制工程或航道治理工程和后续完善工程，加大维护力度，力争开通南京以下12.5米深水航道。

### （二）加快其他高等级航道建设

实施西江航运干线扩能工程，提高主要航段通航标准，建设贵港、桂平二线和长洲三线、四线船闸，扩大船闸通过能力。实施京杭运河苏南段和浙江段三级航道建设工程，结合南水北调东线工程实施济宁至东平湖段三级航道建设工程，继续实施船闸扩能工程。全面加快苏申外港线、长湖申线、湖嘉申线、杭申线、杭平申线、芜申线、大芦线等长江三角洲高等级航道网建设。建成并继续完善珠江三角洲高等级航道网。积极推进岷江、嘉陵江、乌江、汉江、江汉运河、湘江、沅水、赣江、信江、合裕线、柳江—黔江、淮河、松花江、闽江等高等级航道建设。充分考虑内河水运发展的要求，对有复航价值的枢纽、航道，逐步进行复航建设或改造，同时要防止出现新的碍航、断航情况。加强黑龙江、鸭绿江、澜沧江等国境国际河流的航道建设。力争“十二五”末，西江航运干线、京杭运河和珠江三角洲高等级航道网全面或基本达到规划标准，长江三角洲高等级航道网60%达到规划标准。

### （三）加快内河主要港口和部分重要港区建设

以内河主要港口为重点，加快规模化、专业化港区建设，建成一批集装箱、汽车滚装、大宗散货等专业化泊位；坚持新建、改造并举，加快老旧码头的加固改造和港区功能调整，统筹老港区改造和新港区建设。推进港口资源整合，促进港口群的统筹协调发展，形成层次

分明、功能互补、竞争有序的港口发展格局。发挥港口枢纽作用，加快上海国际航运中心建设，推进重庆长江上游、武汉长江中游航运中心建设。加强主要港口的铁路、公路集疏运通道建设，实现高等级公路或高速公路与内河主要集装箱港区的联接。推进主要港口向货物中转基地、大宗货物交易中心发展，逐步建成综合货运枢纽。加强规划实施监督，严格岸线使用审批，鼓励公共码头发展，提高岸线、土地等资源的利用效率。

（四）加快推进内河运输船舶船型标准化

以“两横一纵两网”为重点，推进内河船型标准化工作。加快推进长江干线、京杭运河船型标准化，积极推进西江航运干线、珠江三角洲高等级航道网的船型标准化，启动其他高等级航道重点船型的标准化。采取政府引导、企业为主的方式，按照“开前门、关后门、调存量”的工作思路，以经济鼓励政策和提高船舶技术标准为手段，加快现有非标准船型和安全、环保设施达不到规范要求的老旧运输船舶的更新改造，严格实施船舶更新报废制度，积极开发和推广使用标准船型，优化船舶运力结构，发展江海直达、干支直达船型，促进内河船舶的大型化、标准化。出台全国内河船型标准化实施方案，建立健全船型标准化工作协调机制，积极落实船型标准化地方配套资金和标准船型研发推广经费，形成运政、海事、船检等部门齐抓共管、各负其责的工作格局，确保船型标准化工作扎实、有效推进。加快推进乡镇渡船标准化改造。力争“十二五”末基本实现内河客船、危险品船等重点船型的标准化、系列化，其他船舶的船型标准化率达到50%以上，其中，长江干线、西江航运干线和京杭运河船型标准化率达到70%；内河船舶平均吨位达到800载重吨，其中，长江干线达到1600载重吨。2020年实现内河船型标准化、系列化，淘汰所有非标准船舶；内河船舶平均吨位达到1200载重吨，其中，长江干线超过2000载重吨。

（五）着力提升航道及设施的养护与管理水平

认真落实《航道养护管理规定》，制定实施《全国航道管理与养护发展纲要(2011～2020年)》，坚持航道分类养护，以长江干线、西江航运干线、京杭运河等高等级航道和界河航道为重点，全面提升航道养护水平和应急抢通能力。开展内河航道定级或重新评定工作，提高航道资源利用水平。加大航道养护资金投入，加强航道养护设施、设备建设和更新改造，确保日常维护资金需求。健全航道养护技术标准和规章制度，推动航道养护工作制度化、规范化。深化航道养护管理体制改革，强化内河航道行政执法，切实保护内河水运资源。

（六）着力优化内河水运结构

大力发展航运交易、咨询、信息服务、金融、保险等现代航运服务业。继续推进内河航运的公司化经营，引导中小航运企业规模化、集约化发展，积极推进危险品运输的规模化、集约化经营。推动水上客运向旅游化、舒适化、客滚化方向发展，提升客运服务品质。完善江海直达、干支直达、江海转运的运输服务网络，形成直达和中转互补协调发展的格局。加强与其他运输方式的有效衔接，促进综合运输体系建设；大力发展多式联运，积极推进集装箱、大宗货物的水铁联运。鼓励港航企业延伸产业链，拓展仓储、配送、物流等服务功能，向物流经营人转变。推进港口与保税港区、保税区、物流园区和临港工业园区的有效对接和联动发展,有效降低物流成本。

（七）着力提高内河水运安全保障和应急处置能力

加强内河水运安全监管、应急处置及治安防控能力建设,建成长江干线全方位覆盖、全天候监控、具有快速反应能力的水上安全监管和应急搜救体系。加大对内河危险品运输、滚装运输、客运和渡运的监管力度,完善危险品安全检测手段,重点客滚码头安装使用大型车辆安全检测系统。加快长江干线、西江航运干线等重要内河水域的船岸通信、监控系统建设。加强内河船舶自动识别系统(AIS)基站建设,对长江干线、西江航运干线的运输及工程船舶安装 AIS;完善长江、西江等干线甚高频(VHF)通信系统布局,推进主要支流通信系统建设;在重要通航枢纽、港区和桥区等重点水域建设船舶交通管理系统(VTS)和中央监控系统(CCTV),并逐步实现区域联网,对“四客一危”等重点船舶和重点水域、重点航段实施有效监控。加强乡镇渡船渡口的安全监管,落实地方乡镇政府安全管理责任。加强区域合作和联合执法,坚决打击河道非法采砂和船舶超载,建立长效管理机制。切实加强建设跨、拦、临河建筑物的通航论证工作。积极推进航路改革,在重要航段实施分道通航和船舶报告制。合理规划锚地或停泊点,保障船舶停泊需要和通航安全。加快三峡船闸安全运行监控、过闸船舶安全检查等设施设备建设。加强长江航运治安防控能力建设,推进治安防控预警和信息平台建设,完善水上 110 指挥调度系统和金盾工程建设。

制定内河防污染、水上搜救和航道保畅应急预案,不断完善应急预案体系。推进长江干线等重点水域应急处置体制和机制建设。加强港口、航道及通航枢纽的风险源评估和危险源监控与预警预报,强化灾害性天气下水上事故险情的预防预控,基本建成覆盖重点内河水域的监测预警系统,及时发布灾害预警信息。完善应急力量布局,加强应急处置能力建设,整合海事、港航、公安等内河水上资源,推进巡航、监管、搜救一体化建设,加强综合监管搜救基地、站点和船艇建设,在库区山体滑坡多发水域及重点水域配置应急救助船,建设三峡库区应急救援冲滩点;建立水上应急指挥平台,推进海事、港口、搜救应急辅助决策系统建设;加强水上搜救、航道抢通、消防和防污染等应急装备和物资储备库建设。“十二五”末,在长江、珠江和黑龙江水系以及京杭运河的重要航段,监管搜救力量应急反应能力明显提升。

（八）着力构建绿色内河水运体系

将节约资源和保护环境的理念贯穿于内河水运的规划、设计、施工、养护和运营全过程。优化水运建设工程设计,改善工艺设备,降低施工、生产环节能源消耗和污染排放;严格执行建设项目环境影响评价,同步建设环保设施,依法保护饮用水水源地、水生生物自然保护区和关键栖息地;推进集装箱码头轮胎式龙门起重机“油改电”技术改造,推广使用高能效港口装卸和传送设备,开展到港船舶接用岸电专项行动。

加强控制船舶流动源污染，对内河新建运输船舶安装油污水处理（或储纳）和生活污水、垃圾收集设施，对重点水域的现有客船（含载货汽车滚装船）进行改造配备相关设施，建设船舶污染监视监测系统。建立内河水运污染事故应急响应机制，配备污染处理设备。建设内河水上服务区，在服务区和港口配备船舶生活垃圾、油污水的岸上接收处理设施。鼓励老旧运输船舶和单壳油轮提前报废更新，加速淘汰高耗能、高污染、低性能船舶。在长江干线、西江航运干线等重点地区建设船舶溢油和危险品应急基地，强化应急设施建设，力争长江干线、西江航运干线达到一般水域100吨、重点水域200吨的清污能力。严格执行和逐步提高船舶排放标准，2013年1月1日起，禁止生活污水排放达不到规范要求的客船、载货汽车滚装船和单壳油船、单壳化学品船进入三峡库区。

## 三、强化管理，完善内河水运发展的保障体系

### （一）科学编制发展规划

配合有关部门做好经济社会发展规划、流域综合规划、城市规划等规划编制工作，充分体现内河水运发展要求。修订完善港口、航道、水运科技和信息化等规划，加强规划的衔接和协调。加快推进水系内河水运发展规划编制工作，编制好内河水运"十二五"规划，合理确定发展目标和重点。在规划编制过程中，加强与《全国内河航道与港口布局规划》、《长江干线航道总体规划纲要》的衔接，加强中长期规划与年度计划的有机衔接。实施国家三峡后续工作规划，积极争取将三峡库区主要水运建设项目纳入三峡工程后续规划。

### （二）加强项目前期工作

根据规划，明确轻重缓急，细化水运建设项目前期工作实施方案。加大前期工作经费投入，加快开展重点航道、港口和支持保障系统等建设项目前期工作，特别是要重视基础性研究工作，成立长江干线等前期工作专家顾问组，抓紧开展长河段治理、重点碍航河段的研究分析和前期工作，加大项目储备，合理确定建设项目与建设规模，储备和建设一批较大规模、有影响力和带动力的重点水运工程。创新前期工作机制，简化程序，进一步开放勘察、试验、研究、设计市场，提高前期工作效率。

### （三）加大发展资金投入

积极争取相关部委支持，加大并落实对内河水运发展的中央资金投入，主要用于航道、支持保障系统、中西部地区港口等基础设施建设，并引导运力结构调整。地方要出台政策建立稳定的资金来源，积极争取增加财政性资金，统筹使用燃油税费改革转移支付资金，尽快落实船型标准化配套资金。建立市场化、多元化的内河水运投融资机制，研究制定多渠道筹集资金的扶持政策措施，引导民间资本和外资投入内河水运建设、养护等领域。制定保障资金安全的具体办法，加强建设资金管理。

### （四）健全政策法规体系

抓紧制定行业亟须的法律法规，以《航道法》、《国内水路运输条例》为重点，着力推进水运法律法规的立法进程，出台港口岸线管理、港航安全、航运管理、航道养护、工程建

设、水上交通安全和防污染等方面的配套规章，为解决行业发展中的突出问题和难题提供法律支撑。各地要结合实际，争取当地政府、人大的支持，出台港口管理、航道管理、水路运输管理等地方性法规和政府规章。规范执法行为，积极推进依法行政。综合运用法律、经济、技术、行政等手段，健全内河水运发展的宏观调控体系。进一步完善港口价格体系，研究并实施扶持内河水运发展的价格政策；加大对界河水运发展的政策扶持力度；完善航电枢纽开发与管理的政策措施，探索内河港口岸线资源有偿使用、收费航道的政策措施。

（五）强化水运市场监管

加强内河水运建设和运输市场监管，建立统一开放、竞争有序的市场体系。强化企业、从业人员的资格审核，健全水运市场准入和退出机制。研究提高内河水路运输市场准入标准，重点提高客运、液货危险品运输经营主体的市场准入条件。建立并完善动态监控机制，加强企业经营行为监督检查，避免出现恶性竞争和垄断经营行为。加快市场诚信体系建设，依法加强市场监管，规范经营主体和从业人员行为，营造“规范有序、诚实守信”的市场经营环境。

（六）提升科技和信息化水平

加强内河水运建设科技创新，重点加强内河航道治理及减淤、生态航道建设与维护、河流渠化、港口建设和改造、施工工艺与装备、港口物流、危险品运输安全、节能减排和生态环保等技术研发，组织开展长江黄金水道通过能力提升、内河航道系统整治技术、船型标准化、三峡通航枢纽建设与运营等重大专项技术攻关。完善水运工程建设技术标准体系。研究修订内河通航标准和港口码头、船舶技术标准规范。

落实加快交通电子口岸建设的指导意见，推进地方港航 EDI 中心和交通电子口岸建设，主要内河港口逐步建成港口物流公共信息平台。制定实施长江等内河航运综合信息服务管理办法，加快建设长江、珠江和京杭运河综合信息服务系统，推进数字航道和长江、珠江航运公共物流信息平台建设。完善长江干线安全通信专网建设。加强基于 AIS、物联网等技术的船岸信息交换、集装箱和危险货物运输监控的技术研究和示范应用，逐步实现全程监控。推进港口、航道、运政、海事等部门间信息和通讯设施的共享共用，实现部省间信息系统的联网，逐步建成全国内河港口、航道、船舶和水运经营者数据库。

（七）加强人才队伍建设

结合本地实际和机构改革，制定内河水运人才发展规划，完善人事管理制度，加强领导班子和专业人才队伍建设，建设一支数量匹配、结构合理、业务精专、素质优良的人才队伍。逐步提高管理人员、专业技术人员、从业人员的准入门槛。加强业务培训，推进行政执法、安全与应急、内河船员、危险品运输从业人员等专业人才队伍建设，不断提升队伍的服务意识、业务知识和管理能力。加强中央与地方、地区之间的挂职交流和轮岗，推进东部与中西部地区间的人才对口联系和交流，加大港航与海事、救助等部门间的人员交流力度。

## 四、加强领导，将各项工作落实到位

（一）加强组织领导

各级交通运输主管部门要研究制定落实的实施方案，细化任务措施，责任落实到部门和人员。加强督促检查，把贯彻落实的情况列入单位领导班子、领导干部考核评价的指标范围，作为工作实绩评定和干部奖惩的重要内容。

（二）完善工作机制

加强与发展改革、国土、环保、城建、水利等部门的沟通协调，完善工作机制，积极争取当地政府和有关部门出台扶持内河水运发展的政策措施和资金支持。加强与铁路部门的协作，促进水铁联运发展。完善长江水运发展的部省市协调机制，加强珠江、京杭运河水运发展的部省区协调工作，统筹协调上下游航道规划标准、建设序列，保证航道通航的贯通性和等级的连续性。探索主要内河干线航道管理新模式，逐步理顺主要通航枢纽管理体制。

（三）营造良好氛围

充分利用中央、行业、地方媒体，多层次、全方位、多角度深入开展内河水运发展宣传，积极营造良好的社会舆论环境，增强加快内河水运发展的凝聚力、向心力。各级交通运输主管部门要制定内河水运宣传方案，突出重点，宣传报道发展内河水运的政策、经验和做法，特别是重点宣传报道先进人物、典型事迹，培育和树立典型，发挥先进模范的带头作用。

（资料来源：交通运输部网站 http://www.moc.gov.cn/）

# 附录3　长江航务管理局安全监管措施

## • "十个一律"安全监管措施

（一）客船、载货汽车滚装船、集装箱船及载运危险品和砂石的船舶发生重大水上交通事故，经长江海事管理机构调查认定负主要责任的，长江航务管理局向船舶所在地省级港航管理部门通报，由船舶所在地省级港航管理部门一律对该船舶实施7～10天停航整顿。

（二）航运公司所属船舶、船舶管理公司委托管理的船舶发生重大水上交通事故，经长江海事管理机构调查认定负主要责任的，长江航务管理局向所在地省级港航管理部门通报，由所在地省级港航管理部门和长江海事管理部门一律对该航运公司、船舶管理公司以及船舶、责任船员按上限进行处罚。

（三）航运公司所属船舶1年内发生两起重大水上交通事故，经长江海事管理机构调查认定负主要责任的，长江航务管理局向所在地省级港航管理部门通报，由所在地省级港航管理部门一律对该航运公司实施7～10天停业整顿。

（四）航运公司所属船舶1年内发生3起及以上重大水上交通事故，经长江海事管理机构调查认定负主要责任的，长江航务管理局向所在地省级港航管理部门通报，航运公司所在地具有审批或登记管理权限的港航管理部门，自第3次事故发生之日起3年内，一律不得受理该公司新增运力申请。

（五）船舶管理公司所管理的船舶一年内发生两起重大水上交通事故，经长江海事管理机构调查认定负主要责任的，长江航务管理局向所在地省级港航管理部门进行通报，由所在地省级港航管理部门一律对该船舶管理公司实施7～10天停业整顿。

（六）滚装车辆夹带危险品上船，经长江航运公安机关调查认定存在违法行为的，由长江航运公安机关一律对滚装车辆驾驶员或押运员行政拘留15天，并按上限处以罚款。

（七）滚装车辆夹带危险品上船，经长江航运公安机关或港航管理部门调查认定存在管理责任过失的滚装码头经营人和安检人员，长江航务管理局向所在地省级港航管理部门通报，由所在地省级港航管理部门一律对滚装码头经营人和安检人员实施行政处罚和经济处罚。

（八）长江航务管理局建立公司"黑名单"制度，沿江各省级港航管理部门对航运公司、船舶管理公司实施停业整顿的，应及时将情况报长江航务管理局，由长江航务管理局一律将其列入黑名单，并向社会公示。

（九）沿江各省级港航管理部门、长江海事管理机构建立公司安全警示谈话制度，客船、载货汽车滚装船、集装箱船及载运危险品的船舶发生重大水上交通事故，经长江海事管理机构调查认定负主要责任的，由沿江各省级港航管理部门、长江海事管理机构一律对其航运公司、船舶管理公司主要负责人进行安全警示谈话。

（十）长江航务管理局建立重大水上交通事故管理调查制度。发生重大水上交通事故，长江航务管理局一律组织开展管理责任调查，对未履行安全管理职责或渎职、失职的管理单位和管理人员，实行责任追究。

## • “五个不准、五项处罚”通航管理措施

“五个不准”规定：

（一）不准对船舶“超吃水”配载。

（二）不准谎报、瞒报船舶吃水。

（三）不准涂改船舶载重线或水尺。

（四）不准船舶超载、“超吃水”航行。

（五）不准船舶违反现场交通管制规定。

“五项处罚”措施：

（一）港口经营人对船舶“超吃水”配载的，由所在地省级港航管理部门对港口经营人和现场作业人员实施行政处罚。

（二）超载、“超吃水”航行的船舶，由海事管理机构扣留船长证书6个月。

（三）谎报、瞒报吃水航行或涂改载重线、水尺的船舶，由所在地省级港航管理部门对其实施7～10天的停航整顿；1家航运公司所属船舶1年内累计发生3次谎报、瞒报吃水航行或涂改载重线、水尺的，由所在地省级港航管理部门对该公司实施7～10天的停航整顿。

（四）不按规定签证的海事人员，经纪检监察部门查证核实，实行降级或者撤职处分。情节严重并造成重大安全事故者，予以开除，同时追究相关领导责任。

（五）船舶超载运输或违章航行造成重大事故的，按照长航局“十个一律”安全监管措施严格实施处罚。

## • “四客一危”船舶“十个严格”措施

一是“四客一危”船舶在1年内发生2起水上交通事故或发生重大水上交通事故且负主要责任的，长江航务管理局向其所在地省级港航管理部门通报，由所在地省级港航管理部门对该船舶严格实施7～10天停航整顿。

二是“四客一危”船舶1年内发生2起水上交通事故或发生1起重大水上交通事故且负主要责任的，对船公司严格实施附加审核。

三是“四客一危”船舶在1年内发生2起水上交通事故或发生1起重大水上交通事故且负主要责任的，严格实施到港检查和过闸前检查。

四是“四客一危”船舶在1年内发生3起以上重大水上交通事故的，长江航务管理局向其所在地省级港航管理部门通报，船公司所在地具有审批或登记管理权限的港航管理部

门，自第3起事故发生之日起3年内，对该公司运政审批事项和登记事项申请严格实施否决制度（包括新增运力、扩大经营范围、调整航线等）。

五是“四客一危”船舶1年内发生2起重大水上交通事故，长江航务管理局向其所在地省级港航管理部门通报，由所在地省级港航管理部门对该船公司严格实施10天停业整顿。

六是“四客一危”船舶管理公司所管理的船舶1年内发生2起重大水上交通事故，长江航务管理局向其所在地省级港航管理部门进行通报，由所在地省级港航管理部门对该船舶管理公司严格实施7~10天停业整顿。

七是建立“四客一危”船公司和管理公司“黑名单”制度，沿江各省级港航管理部门对“四客一危”船公司、船舶管理公司实施停业整顿的，应及时将情况报长江航务管理局，由长江航务管理局严格实施船公司黑名单制度，并向社会公示。

八是“四客一危”船舶发生水上交通事故且负主要责任的，严格将船舶纳入黑名单，实施重点跟踪管理。

九是“四客一危”船舶1年内发生2起水上交通事故或发生1起重大事故且负主要责任的，对船公司主要负责人严格实施安全警示谈话制度。

十是“四客一危”船舶发生水上交通事故且负主要责任的，对船舶、责任船员严格依法从重处罚。

（资料来源：交通运输部长江航务管理局）

# 附录4　长江干线支持保障系统布局概况

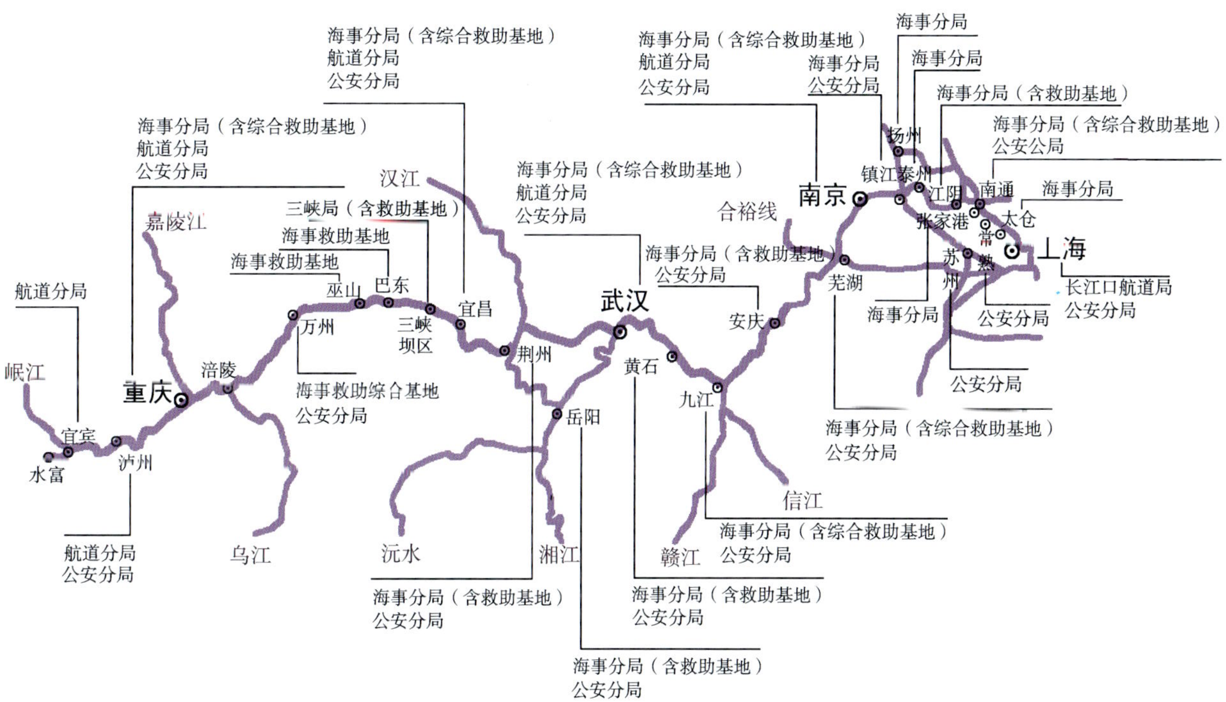

## 附表 1　长江沿江省市运输船舶拥有量（2005～2010 年）

| | 船舶数（艘数） | 其　中 | | 载客量（客位） | 净载重量（吨位） | 标准箱位（TEU） | 总功率（千瓦） |
|---|---|---|---|---|---|---|---|
| | | 机动船（艘数） | 驳船（艘数） | | | | |
| 2005 年 | 123746 | 98367 | 25379 | 586869 | 52257408 | 668485 | 19530836 |
| 2006 年 | 114169 | 92253 | 21916 | 610347 | 54596902 | 758685 | 21118276 |
| 2007 年 | 114019 | 93109 | 20910 | 572568 | 61209714 | 818880 | 22270002 |
| 2008 年 | 109529 | 89669 | 19860 | 536432 | 62969271 | 930786 | 25343225 |
| 2009 年 | 109236 | 89917 | 19319 | 511960 | 73451568 | 943715 | 26437038 |
| 2010 年 | 114714 | 99207 | 15507 | 520840 | 95606568 | 1026658 | 30834224 |
| 云南省 | 882 | 880 | 2 | 16704 | 69244 | 10 | 80328 |
| 四川省 | 8414 | 7350 | 1064 | 109538 | 791559 | 3249 | 363347 |
| 重庆市 | 4368 | 3941 | 427 | 117985 | 4213822 | 34444 | 1172106 |
| 湖北省 | 5502 | 4634 | 868 | 36815 | 6805323 | 3506 | 1786816 |
| 湖南省 | 11002 | 10900 | 102 | 94027 | 2429922 | 4621 | 1082447 |
| 江西省 | 4217 | 4180 | 37 | 11811 | 1957942 | 2022 | 640578 |
| 安徽省 | 29186 | 27041 | 2145 | 15666 | 20755882 | 10023 | 6921099 |
| 江苏省 | 49091 | 38347 | 10744 | 28857 | 28847733 | 24341 | 7792861 |
| 上海市 | 2052 | 1934 | 118 | 89437 | 29735141 | 944442 | 10994642 |

## 附表 2　长江沿江省市水路旅客运输量与周转量（2005～2010 年）

| | 旅客运输量（万人） | | | | 旅客周转量（万人公里） | | | |
|---|---|---|---|---|---|---|---|---|
| | 合计 | 内河 | 沿海 | 远洋 | 合计 | 内河 | 沿海 | 远洋 |
| 2005 年 | 8947 | 7743 | 1202 | 2 | 273524 | 228868 | 41750 | 2906 |
| 2006 年 | 9258 | 7995 | 1261 | 2 | 281303 | 235421 | 43299 | 2583 |
| 2007 年 | 9560 | 8135 | 1423 | 2 | 311000 | 247045 | 60487 | 3468 |
| 2008 年 | 8248 | 6720 | 1519 | 10 | 257678 | 185169 | 64867 | 7642 |
| 2009 年 | 8161 | 6728 | 1433 | 0 | 258455 | 187760 | 70695 | 0 |
| 2010 年 | 7505 | 6904 | 601 | 0 | 262893 | 199057 | 63836 | 0 |
| 云南省 | 731 | 731 | | | 17773 | 17773 | | |
| 四川省 | 2732 | 2732 | | | 23084 | 23084 | | |
| 重庆市 | 1277 | 1277 | | | 102092 | 102092 | | |
| 湖北省 | 382 | 382 | | | 27869 | 27869 | | |
| 湖南省 | 919 | 919 | | | 16902 | 16902 | | |
| 江西省 | 231 | 231 | | | 3156 | 3156 | | |
| 安徽省 | 139 | 139 | | | 2684 | 2684 | | |
| 江苏省 | 590 | 493 | 97 | | 15107 | 5497 | 9610 | |
| 上海市 | 504 | | 504 | | 54226 | | 54226 | |

## 附表3 长江沿江省市水路货物运输量与周转量(2005～2010年)

| | 货物运输量(万吨) | | | | 货物周转量(万吨公里) | | | |
|---|---|---|---|---|---|---|---|---|
| | 合计 | 内河 | 沿海 | 远洋 | 合计 | 内河 | 沿海 | 远洋 |
| 2005年 | 94120 | 57355 | 24753 | 12012 | 154632305 | 18631313 | 33238914 | 102762078 |
| 2006年 | 105541 | 63109 | 27915 | 14517 | 178634303 | 20820840 | 34034007 | 123779456 |
| 2007年 | 120552 | 71277 | 33286 | 15989 | 208072108 | 24780032 | 43577661 | 139714415 |
| 2008年 | 147657 | 89084 | 42165 | 16408 | 219390305 | 32248576 | 50517078 | 136624651 |
| 2009年 | 149925 | 94851 | 39039 | 16035 | 207949564 | 33512100 | 49555566 | 124881898 |
| 2010年 | 180134 | 114652 | 45825 | 19657 | 267619897 | 39221449 | 56421796 | 171976652 |
| 云南省 | 402 | 402 | | | 69144 | 69144 | | |
| 四川省 | 5237 | 5237 | | | 751030 | 751030 | | |
| 重庆市 | 9660 | 9422 | | 238 | 12192730 | 12067925 | | 124805 |
| 湖北省 | 16153 | 9916 | 6082 | 155 | 11455518 | 5477680 | 4699880 | 1277958 |
| 湖南省 | 15725 | 15725 | | | 2860704 | 2860704 | | |
| 江西省 | 6493 | 6081 | 412 | | 1750142 | 1147431 | 602711 | |
| 安徽省 | 32355 | 30376 | 1964 | 15 | 11319581 | 9523452 | 1744516 | 51613 |
| 江苏省 | 48702 | 35714 | 8911 | 4077 | 40957000 | 6941066 | 8846984 | 25168950 |
| 上海市 | 45407 | 1779 | 28456 | 15172 | 186264048 | 383017 | 40527705 | 145353326 |

## 附表 4　长江沿江省市水路分货类运输量(2005 ~ 2010 年)

单位:万吨

| | 合计 | 煤炭 | 石油天然气及制品 | 金属矿石 | 钢铁 | 矿建材料 | 水泥 | 木材 | 非金属矿石 | 化肥及农药 | 盐 | 粮食 | 其他 |
|---|---|---|---|---|---|---|---|---|---|---|---|---|---|
| 2005 年 | 94120 | 16831 | 12367 | 8807 | 3055 | 17437 | 1826 | 649 | 2562 | 1301 | 775 | 1853 | 146825 |
| 2006 年 | 105541 | 18558 | 13875 | 10700 | 3574 | 19694 | 3344 | 829 | 2241 | 1280 | 955 | 2047 | 28443 |
| 2007 年 | 120552 | 23469 | 12789 | 8945 | 3682 | 25128 | 3970 | 923 | 2525 | 1724 | 1545 | 2192 | 33660 |
| 2008 年 | 147657 | 24857 | 12280 | 9118 | 8103 | 48033 | 4488 | 465 | 2959 | 752 | 494 | 1488 | 34620 |
| 2009 年 | 149925 | 24934 | 14707 | 12957 | 4292 | 40359 | 6134 | 575 | 2983 | 1771 | 1723 | 2902 | 36588 |
| 2010 年 | 180134 | 29176 | 18236 | 17331 | 5376 | 48904 | 6771 | 679 | 4508 | 1819 | 1902 | 2654 | 42779 |
| 云南省 | 402 | 85 | | 5 | 3 | 135 | 6 | 8 | 107 | 4 | 4 | 6 | 39 |
| 四川省 | 5237 | 469 | 57 | 36 | 8 | 4120 | 51 | 7 | 203 | 59 | 14 | 25 | 188 |
| 重庆市 | 9660 | 2556 | 302 | 1174 | 467 | 1567 | 241 | 20 | 240 | 185 | 63 | 63 | 2782 |
| 湖北省 | 16153 | 2969 | 546 | 5952 | 356 | 3049 | 365 | 16 | 788 | 83 | 10 | 230 | 1789 |
| 湖南省 | 15725 | 579 | 417 | 974 | 775 | 11201 | 116 | 83 | 291 | 72 | 76 | 64 | 1078 |
| 江西省 | 6493 | 155 | 336 | 34 | 88 | 5074 | 221 | 35 | 68 | 29 | 7 | 34 | 412 |
| 安徽省 | 32355 | 3274 | 600 | 2086 | 910 | 16553 | 3692 | 37 | 1983 | 128 | 12 | 590 | 2490 |
| 江苏省 | 48702 | 10281 | 7835 | 5036 | 2386 | 4827 | 1501 | 471 | 748 | 1214 | 1716 | 1642 | 11045 |
| 上海市 | 45407 | 8808 | 8143 | 2034 | 383 | 2378 | 578 | 2 | 80 | 45 | | | 22956 |

## 附表 5　长江沿江省市水路分货类运输周转量(2005～2010年)

单位:万吨公里

| | 合计 | 煤炭 | 石油天然气及制品 | 金属矿石 | 钢铁 | 矿建材料 | 水泥 | 木材 | 非金属矿石 | 化肥及农药 | 盐 | 粮食 | 其他 |
|---|---|---|---|---|---|---|---|---|---|---|---|---|---|
| 2005年 | 154632305 | 15156415 | 23621359 | 6323293 | 3719165 | 4305649 | 1138601 | 818705 | 1671331 | 1535244 | 179616 | 1681663 | 94481263 |
| 2006年 | 178634303 | 16464243 | 27472249 | 7116954 | 3999551 | 3343087 | 1839936 | 561562 | 1842258 | 1523620 | 236783 | 2150647 | 112083414 |
| 2007年 | 208072108 | 23823319 | 30262037 | 7489831 | 4071753 | 5286917 | 2319505 | 578738 | 1440680 | 2086433 | 505199 | 2878047 | 127329650 |
| 2008年 | 219390305 | 27126896 | 25222681 | 7532367 | 9864916 | 12821984 | 2689557 | 361228 | 1889320 | 1284204 | 2410629 | 2580225 | 125606298 |
| 2009年 | 207949564 | 23534871 | 38217983 | 11456421 | 4133057 | 10503242 | 3114143 | 434710 | 2008945 | 1788137 | 583409 | 4710642 | 107884736 |
| 2010年 | 267619897 | 28628550 | 50200077 | 14218136 | 5821103 | 10947361 | 3419483 | 780859 | 2436356 | 2257396 | 640198 | 2036367 | 146234012 |
| 云南省 | 69144 | 22185 | | 1629 | 126 | 4320 | 965 | 2734 | 30227 | 564 | 144 | 534 | 5716 |
| 四川省 | 751030 | 298815 | 74415 | 11520 | 8466 | 116748 | 23824 | 2935 | 58577 | 16513 | 8536 | 3175 | 127506 |
| 重庆市 | 12192730 | 3613475 | 525756 | 1883733 | 764269 | 448768 | 223515 | 23593 | 349598 | 227952 | 65495 | 83609 | 3982967 |
| 湖北省 | 11455518 | 3124138 | 551382 | 4071708 | 377315 | 1375084 | 192189 | 13861 | 386687 | 48415 | 10214 | 420780 | 883745 |
| 湖南省 | 2860704 | 172915 | 204968 | 373128 | 283501 | 875563 | 33742 | 33114 | 173727 | 39911 | 15366 | 39011 | 615759 |
| 江西省 | 1750142 | 61703 | 356370 | 56361 | 68777 | 642117 | 130611 | 36752 | 52670 | 17900 | 2283 | 24130 | 300468 |
| 安徽省 | 11319581 | 1327774 | 299241 | 451184 | 442203 | 5169892 | 1775684 | 11413 | 797780 | 36891 | 5315 | 233290 | 768914 |
| 江苏省 | 40957000 | 3917775 | 18678521 | 1888336 | 2112906 | 1914221 | 893964 | 393723 | 272821 | 1477840 | 532845 | 1231838 | 7642210 |
| 上海市 | 186264048 | 16089770 | 29509424 | 5480537 | 1763540 | 400648 | 144989 | 262734 | 314269 | 391410 | | | 131906727 |

## 附表 6 长江沿江省市分省市港口吞吐量(2005～2010 年)

| | 货物吞吐量 | | | | 集装箱吞吐量 | | | 滚装汽车(万辆) | 旅客吞吐量 | | 利用自然岸坡完成船舶货物装卸量(万吨) |
|---|---|---|---|---|---|---|---|---|---|---|---|
| | 合计(万吨) | 外贸 | 出港 | 外贸 | 箱数(万 TEU) | 重量(万吨) | 货重 | | 合计(万人) | 出港 | |
| 2005 年 | 189672.0 | 30564.1 | 83723.7 | 12062.5 | 2198.7 | 20238.8 | 15749.9 | 215.8 | 10312.5 | 4871.8 | 5151.0 |
| 2006 年 | 206393.5 | 35601.8 | 92982.2 | 15695.8 | 2722.8 | 25378.6 | 19909.8 | 243.4 | 9897.2 | 4723.0 | 3020.2 |
| 2007 年 | 239103.1 | 42305.1 | 104384.3 | 19083.8 | 3387.2 | 31867.9 | 25057.0 | 139.1 | 9054.7 | 4407.9 | 5991.1 |
| 2008 年 | 258883.3 | 44923.9 | 111429.3 | 20007.7 | 3821.2 | 35855.9 | 28247.6 | 184.4 | 8237.5 | 4079.8 | 5092.5 |
| 2009 年 | 281114.6 | 47727.8 | 117061.5 | 16270.9 | 3557.9 | 36091.5 | 28995.0 | 157.5 | 6298.2 | 3017.2 | 1884.8 |
| 2010 年 | 332462.1 | 55778.1 | 142017.4 | 19940.4 | 4242.8 | 42702.4 | 34259.4 | 186.7 | 5943.6 | 2958.6 | 1385.6 |
| 云南省 | 419.4 | 32.3 | 356.1 | 19.4 | | | | | 928.3 | 473.1 | |
| 四川省 | 6388.3 | 22.1 | 2337.6 | 10.3 | 7.0 | 87.1 | 73.0 | | 1598.7 | 781.9 | 360.4 |
| 重庆市 | 9668.4 | 287.6 | 3986.2 | 189.0 | 56.5 | 661.5 | 542.0 | 55.6 | 1527.2 | 774.9 | 23.9 |
| 湖北省 | 18782.7 | 640.3 | 8252.7 | 301.2 | 77.5 | 1090.8 | 931.9 | 49.8 | 318.0 | 165.0 | |
| 湖南省 | 19254.2 | | 8718.3 | | 20.9 | 267.4 | 221.0 | | 931.9 | 448.9 | 86.8 |
| 江西省 | 21130.6 | 140.2 | 14786.4 | 92.6 | 17.2 | 212.9 | 178.5 | | 446.8 | 216.2 | 780.1 |
| 安徽省 | 32502.3 | 257.9 | 21028.7 | 157.7 | 22.2 | 206.2 | 161.5 | 4.9 | 11.2 | 7.0 | 134.5 |
| 江苏省 | 158976.8 | 24172.4 | 58760.6 | 5410.9 | 1134.6 | 12184.6 | 9891.0 | 1.4 | 13.5 | 6.8 | |
| 上海市 | 65339.4 | 30225.3 | 23790.8 | 13759.3 | 2906.9 | 27991.9 | 22260.5 | 75.0 | 168.0 | 84.9 | |

## 附表 7 长江沿江省市分省市内河港口吞吐量(2005～2010 年)

| | 货物吞吐量 | | | | 集装箱吞吐量 | | | 滚装汽车（万辆） | 旅客吞吐量 | | 利用自然岸坡完成船舶货物装卸量(万吨) |
|---|---|---|---|---|---|---|---|---|---|---|---|
| | 合计（万吨） | 外贸 | 出港 | 外贸 | 箱数（万 TEU） | 重量（万吨） | 货重 | | 合计（万人） | 出港 | |
| 2005 年 | 138968.2 | 8142.5 | 63881.1 | 2353.8 | 288.6 | 2913.5 | 2269.1 | 67.2 | 9045.4 | 4243.7 | 5151.0 |
| 2006 年 | 151670.6 | 9807.0 | 70632.2 | 3588.2 | 419.8 | 4476.3 | 3581.1 | 84.7 | 8566.4 | 4065.5 | 3007.8 |
| 2007 年 | 180741.9 | 11742.1 | 79931.7 | 4302.2 | 571.0 | 6013.5 | 4775.4 | 104.4 | 8863.7 | 4309.6 | 5691.2 |
| 2008 年 | 197306.0 | 12026.7 | 85562.4 | 4245.5 | 719.0 | 7047.7 | 5595.5 | 139.6 | 8054.9 | 3985.9 | 5092.5 |
| 2009 年 | 219938.8 | 15295.7 | 93471.7 | 3353.8 | 753.0 | 8600.2 | 7073.3 | 117.3 | 6111.5 | 2921.6 | 1884.8 |
| 2010 年 | 261769.6 | 17681.9 | 114468.9 | 4766.3 | 945.1 | 10900.3 | 8989.4 | 111.7 | 5762.1 | 2866.9 | 1385.6 |
| 云南省 | 419.4 | 32.3 | 356.1 | 19.4 | | | | | 928.3 | 473.1 | |
| 四川省 | 6388.3 | 22.1 | 2337.6 | 10.3 | 7.0 | 87.1 | 73.0 | | 1598.7 | 781.9 | 360.4 |
| 重庆市 | 9668.4 | 287.6 | 3986.2 | 189.0 | 56.5 | 661.5 | 542.0 | 55.6 | 1527.2 | 774.9 | 23.9 |
| 湖北省 | 18782.7 | 640.3 | 8252.7 | 301.2 | 77.5 | 1090.8 | 931.9 | 49.8 | 318.0 | 165.0 | |
| 湖南省 | 19254.2 | | 8718.3 | | 20.9 | 267.4 | 221.0 | | 931.9 | 448.9 | 86.8 |
| 江西省 | 21130.6 | 140.2 | 14786.4 | 92.6 | 17.2 | 212.9 | 178.5 | | 446.8 | 216.2 | 780.1 |
| 安徽省 | 32502.3 | 257.9 | 21028.7 | 157.7 | 22.2 | 206.2 | 161.5 | 4.9 | 11.2 | 7.0 | 134.5 |
| 江苏省 | 144604.2 | 16301.4 | 53967.1 | 3996.1 | 743.9 | 8374.4 | 6881.6 | 1.4 | | | |
| 上海市 | 9019.5 | | 1035.9 | | | | | | | | |

## 附表8 长江沿江省市分货类内河港口吞吐量(2006~2010年)

单位:万吨

| | 总计 | 液体散货 | | | | 干散货 | | | | | | 件杂货 | | | | | 集装箱(万TEU) | 滚装汽车(万辆) |
|---|---|---|---|---|---|---|---|---|---|---|---|---|---|---|---|---|---|---|
| | | 小计 | 其中 | | | 小计 | 其中 | | | | | 小计 | 其中 | | | | | |
| | | | 原油 | 成品油 | 液化气天然气及制品 | | 煤炭及制品 | 金属矿石 | 散水泥 | 散粮 | 散化肥 | | 木材 | 粮食 | 化肥 | 水泥 | | |
| 2006年 | 151671 | 11571 | 3968 | 3179 | 420 | 106790 | 24287 | 18028 | 4026 | 414 | 435 | 26844 | 2070 | 2173 | 1560 | 5010 | 420 | 85 |
| 2007年 | 180742 | 11305 | 2784 | 3449 | 332 | 125586 | 30757 | 24656 | 5494 | 828 | 544 | 35309 | 1925 | 3245 | 1746 | 5204 | 571 | 104 |
| 2008年 | 197308 | 11093 | 2381 | 3694 | 367 | 145173 | 35394 | 27067 | 6460 | 1005 | 140 | 30545 | 1510 | 3409 | 2462 | 5368 | 719 | 142 |
| 2009年 | 219939 | 12866 | 2658 | 3927 | 451 | 161859 | 36739 | 27554 | 5017 | 1565 | 1080 | 32521 | 1491 | 1968 | 2076 | 5918 | 753 | 117 |
| 2010年 | 261770 | 14487 | 2565 | 4489 | 227 | 192876 | 46413 | 36503 | 6776 | 1372 | 522 | 40368 | 2216 | 3151 | 2023 | 4875 | 945 | 112 |
| 云南省 | 419 | | | | | 346 | 77 | 5 | | | | 73 | 8 | 5 | 4 | 6 | | |
| 四川省 | 6388 | 84 | 54 | 2 | | 5857 | 1368 | 41 | 11 | 13 | 1 | 359 | 7 | 48 | 107 | 81 | 7 | |
| 重庆市 | 9668 | 266 | 23 | 209 | | 5990 | 2378 | 1056 | 18 | 30 | | 1142 | 17 | 40 | 209 | 151 | 56 | 56 |
| 湖北省 | 19254 | 519 | 192 | 244 | 33 | 17210 | 704 | 832 | 27 | 18 | 27 | 1258 | 226 | 175 | 121 | 120 | 21 | |
| 湖南省 | 18783 | 548 | 20 | 306 | 20 | 12796 | 2165 | 3543 | 183 | 38 | 315 | 2883 | 130 | 166 | 286 | 762 | 77 | 50 |
| 江西省 | 21131 | 221 | 19 | 146 | 34 | 19760 | 540 | 701 | 414 | 10 | | 937 | 33 | 18 | 20 | 85 | 17 | |
| 安徽省 | 32502 | 608 | 47 | 462 | 15 | 28027 | 3724 | 3826 | 3528 | 76 | 60 | 3612 | 7 | 119 | 56 | 1382 | 22 | 5 |
| 江苏省 | 144604 | 12108 | 2210 | 3120 | 125 | 95430 | 35315 | 26493 | 1964 | 1170 | 118 | 28678 | 1787 | 2519 | 1217 | 2170 | 744 | 1 |
| 上海市 | 9019 | 133 | | | | 7460 | 142 | 6 | 631 | 16 | 1 | 1426 | 1 | 60 | 3 | 118 | | |

## 附表 9　长江干线航道实际维护尺度(2010 年)

<table>
<tr><th colspan="2">河　　段</th><th>实际维护最小航道尺度<br>(水深×宽度×弯曲半径)<br>(m)</th><th>保证率<br>(%)</th></tr>
<tr><td colspan="2">宜宾~重庆(羊角滩)</td><td>2.7×50×560</td><td>98</td></tr>
<tr><td colspan="2">重庆(羊角滩)~涪陵(李渡长江大桥)</td><td>3.5×100×800</td><td>98</td></tr>
<tr><td colspan="2">涪陵(李渡长江大桥)~丰都(上鲫鱼)</td><td>4.5×60×750</td><td>98</td></tr>
<tr><td colspan="2">丰都(上鲫鱼)~忠县</td><td>4.5×150×1000</td><td>98</td></tr>
<tr><td colspan="2">忠县~三峡大坝(上引航道隔流堤头)</td><td>4.5×140×1000</td><td>98</td></tr>
<tr><td colspan="2">三峡大坝(上引航道隔流堤头)~<br>葛洲坝 1 号船闸~宜昌(十三码头)</td><td>4.5×180×1000</td><td>98</td></tr>
<tr><td rowspan="3">其中</td><td>两坝间</td><td>4.5×180×1000</td><td rowspan="3">98</td></tr>
<tr><td>大江航道</td><td>4.5×140×1000</td></tr>
<tr><td>三江下引航道</td><td>3.5×120×1000</td></tr>
<tr><td colspan="2">宜昌(九码头)~宜昌(下临江坪)</td><td>4.5×80×750</td><td>95</td></tr>
<tr><td colspan="2">宜昌(下临江坪)~城陵矶</td><td>3.2×80×750</td><td>95</td></tr>
<tr><td colspan="2">城陵矶~武汉长江大桥</td><td>3.5×80×750</td><td>98</td></tr>
<tr><td colspan="2">武汉长江大桥~安庆(皖河口)</td><td>4.0×100×1050</td><td>98</td></tr>
<tr><td colspan="2">安庆(皖河口)~芜湖(高安圩)</td><td>5.0×200×1050</td><td>98</td></tr>
<tr><td colspan="2">芜湖(高安圩)~芜湖长江大桥</td><td>5.0×500×1050</td><td>98</td></tr>
<tr><td colspan="2">芜湖长江大桥~南京(燕子矶)</td><td>7.5×500×1050</td><td>98</td></tr>
<tr><td>其中</td><td>乌江水道</td><td>4.5×200×1050</td><td>98</td></tr>
<tr><td colspan="2">南京(燕子矶)~江阴(鹅鼻嘴)</td><td>10.5×500×1050</td><td>98</td></tr>
<tr><td rowspan="2">其中</td><td>仪征捷水道</td><td>4.5×150×1050</td><td>98</td></tr>
<tr><td>宝塔水道</td><td>4.5×100×1050</td><td>98</td></tr>
<tr><td colspan="2">江阴(鹅鼻嘴)~浏河口</td><td>10.5×500×1050</td><td>98</td></tr>
<tr><td rowspan="4">其中</td><td>福姜沙北水道</td><td>7.5×250×1050</td><td>98</td></tr>
<tr><td>福姜沙中水道</td><td>4.5×150×1050</td><td>98</td></tr>
<tr><td>福姜沙南水道</td><td>4.5×150×1050</td><td>98</td></tr>
<tr><td>鳗鱼沙东槽</td><td>自然水深×250×1050</td><td>98</td></tr>
</table>

## 附表10　长江干线航道计划维护尺度（2011年）

| 河段 | | 计划维护最小尺度（深×宽×弯曲半径）（m） | 航道维护水深年保证率（%） |
|---|---|---|---|
| 宜宾～羊角滩 | | 2.7×50×560 | 98 |
| 羊角滩～李渡 | | 3.5×100×800 | 98 |
| 李渡～忠县 | | 4.5×150×1000 | 98 |
| 忠县～三峡船闸上隔流堤头 | | 4.5×140×1000 | 98 |
| 三峡船闸上隔流堤头～葛洲坝1号船闸～宜昌九码头 | | 4.5×180×1000 | 98 |
| 其中 | 两坝间 | 4.5×80×1000 | 98 |
| | 葛洲坝大江航道 | 4.5×140×1000 | 98 |
| | 葛洲坝三江航道 | 3.5×120×100 | 98 |
| 宜昌九码头～下临江坪 | | 4.5×80×750 | 95 |
| 下临江坪～城陵矶 | | 3.2×80×750 | 95 |
| 城陵矶～武桥 | | 3.5×80×750 | 98 |
| 武桥～皖河口 | | 4.0×100×1050 | 98 |
| 皖河口～芜湖高安圩 | | 5.0×200×1050 | 98 |
| 芜湖高安圩～芜湖长江大桥 | | 5.0×500×1050 | 98 |
| 芜湖长江大桥～南京燕子矶 | | 7.5×500×1050 | 98 |
| 其中 | 乌江水道 | 4.5×200×1050 | |
| 南京燕子矶～江阴鹅鼻嘴 | | 10.5×500×1050 | 98 |
| 其中 | 仪征捷水道 | 4.5×150×1050 | |
| | 宝塔水道 | 4.5×100×1050 | |
| | 鳗鱼沙东槽 | 350×1050 | |
| 江阴鹅鼻嘴～浏河口 | | 10.5×500×1050 | 98（其中白茆沙水道95%） |
| 其中 | 福姜沙北水道 | 7.5×250×1050 | |
| | 福姜沙中水道 | 4.5×150×1050 | |
| | 白茆沙北水道 | 4.5×150×1050 | |
| | 北支水道 | 维护自然水深 | |
| | | 2.5×200×1050 | |
| | | 3.0×400×1050 | |
| | | 5.0×250×1050 | |

# 附表 11　2010 年长江航运景气状况

| | 1 季度 | 2 季度 | 3 季度 | 4 季度 |
|---|---|---|---|---|
| 一、长江航运景气指数 | 104.67 | 120.70 | 113.79 | 113.65 |
| 二、长江航运信心指数 | 117.66 | 120.73 | 113.15 | 111.43 |
| 三、按类型分 | | | | |
| 港口企业景气指数 | 108.73 | 133.60 | 125.26 | 133.48 |
| 航运企业景气指数 | 101.12 | 109.39 | 103.72 | 96.26 |
| 四、按区域分 | | | | |
| 上游企业景气指数 | 105.67 | 116.47 | 116.10 | 107.90 |
| 中游企业景气指数 | 94.01 | 114.49 | 105.76 | 96.94 |
| 下游企业景气指数 | 108.75 | 125.68 | 116.00 | 123.99 |
| 五、按运输分 | | | | |
| 客运景气指数 | 112.30 | 83.98 | 96.74 | 69.19 |
| 货运景气指数 | 97.86 | 124.61 | 108.66 | 111.65 |
| 六、主要运输种类 | | | | |
| 干散货运输景气指数 | 100.27 | 126.00 | 95.24 | 117.43 |
| 液体散货运输景气指数 | 104.75 | 116.22 | 120.22 | 113.31 |
| 外贸运输景气指数 | 91.50 | 102.22 | 95.33 | 118.34 |
| 集装箱运输景气指数 | 99.46 | 124.25 | 126.64 | 115.21 |
| 载货汽车滚装运输景气指数 | 93.97 | 97.64 | 89.53 | |
| 七、企业主要景气观察指标 | | | | |
| 业务量 | 91.71 | 125.58 | 105.23 | 116.96 |
| 业务收入 | 92.54 | 128.32 | 115.95 | 124.84 |
| 业务收费价格 | 99.43 | 109.37 | 96.33 | 100.63 |
| 营业成本 | 86.54 | 73.91 | 74.85 | 72.88 |
| 盈利(亏损)变化 | 96.42 | 119.21 | 104.73 | 109.49 |
| 净资产收益率 | 94.13 | 121.09 | 112.17 | 114.69 |
| 货款拖欠 | 99.77 | 92.12 | 95.87 | 92.58 |
| 劳动力需求 | 98.19 | 114.56 | 112.61 | 113.49 |
| 船产量 | 97.42 | 124.92 | 105.45 | 109.68 |
| 泊位利用率 | 85.52 | 132.46 | 110.79 | 122.11 |
| 固定资产投资 | 101.64 | 128.44 | 115.32 | 115.51 |

资料来源：长江航运指数办公室。

# 附表12 长江诚信船舶名单(2010年度)

| 序 号 | 公司名称 | 船 名 | 船 型 |
|---|---|---|---|
| 1 | 民生轮船股份有限公司 | 民享 | 集装箱船 |
| 2 | 民生轮船股份有限公司 | 民有 | 集装箱船 |
| 3 | 民生轮船股份有限公司 | 民熙 | 商品汽车滚装船 |
| 4 | 重庆长江轮船公司 | 长航渝集12 | 集装箱/干散货船 |
| 5 | 重庆长江轮船公司 | 长航渝集16 | 集装箱/干散货船 |
| 6 | 重庆长江轮船公司 | 长航渝集17 | 集装箱/干散货船 |
| 7 | 重庆长江轮船公司 | 长航渝集20 | 集装箱/干散货船 |
| 8 | 荆州市鸿兴船务运输有限公司 | 鸿兴999 | 客滚船 |
| 9 | 株洲顺达船舶运输有限公司 | 湘株洲货0798轮 | 化学品液货船 |
| 10 | 汉寿县华兴航运有限公司 | 湘汉寿危0296轮 | 化学品液货船 |
| 11 | 芜湖共和航运股份有限公司 | 共和305 | 散货船 |
| 12 | 安庆市曙光航运有限责任公司 | 皖安庆化904 | 化学品液货船 |
| 13 | 安庆市曙光航运有限责任公司 | 安庆曙光028 | 化学品液货船 |
| 14 | 安庆市曙光航运有限责任公司 | 安庆曙光018 | 化学品液货船 |
| 15 | 江都市顺鑫水路运输有限公司 | 梅盛6399 | 一般干货船 |
| 16 | 苏州永盛混凝土有限公司 | 永盛货007 | 干货船 |
| 17 | 金坛市航运有限公司 | 金航机528 | 化学品液货 |
| 18 | 镇江恒润物流有限公司 | 镇江恒润388 | 散装水泥罐船 |

资料来源:长江船舶诚信评价办公室。